アリストテレス方法論の構想

アリストテレス方法論の構想

山本建郎著

知泉書館

序言

本書は、アリストテレスの方法論の書とされている『分析論後書』を著者独自の視点から読み解いて、アリストテレス哲学の核心に迫ることを期するものである。当書『分析論後書』（以下『後書』）は、多岐にわたるアリストテレスの著作の内でも一見主題が科学方法論に相当する故に比較的具体性に富んだものとしての評判の高いものであるが、紐解いてみるとその行論の複雑さによってこれまで多数の解釈者たちを悩ましてきた曰く付きの著作であることが知られる。実際『後書』は、それほどまでに読みにくい、その意味で研究者の間でも意図的に（？）遠避けられてきていた著作である。『後書』には謎に満ちた表現が至る所に散見する。本書はその謎に満ちた個々の表現に直面し、それを文字通りに主題的に受け容れて、そこからアリストテレス固有の存在観を惹き出そうという意図の下に執筆されたものである。

しかし、そうは言っても、本書はトピックス式に徒らに主題を並べたものではない。当然ながら、一つの確固とした問題関心が、主題として一貫している。それは、冒頭第一章に掲げる表題通り、「論証知の構造」の分析である。それは現代流に翻案すれば科学哲学に相当するはずであるが、序論でも触れたように、そこには方法論上の課題が負荷されているだけに単にそれだけの問題として閉じているのではなくて、哲学そのものの存立の可能性が賭けられるのである。そしてその突出した主題が、自体性の概念であり、論証と定義の問題であり、また、内属性なる存在の特異な存在形式の検討になるのである。このように、『後書』には、アリストテレス哲学の精髄が凝縮されている。

それだけに『後書』は難解である。しかし、その難解性は、言わば常識の難解性である。「自体性」や「内属性」は普段我々の日常においても、「それ自体として認められる」や「この紙は白い」などと言う言葉遣いの内に当然了解される内容として前提されていることである。難解なのは、それを捌くアリストテレスの手法が抽象を嫌い、非常に幅広い着眼点から考えを進めているためと思われる。要するに、アリストテレスの口吻は面倒くさいのである。だから読者各位におかれても、細部にはあまりこだわらずに、できるだけ寛容の精神でもって、ゆっくりと多方面に気を配りながら読み進めて行かれるようにお願いしておきたい。

それゆえ、本書の主張内容も、それがきわめて乏しいことをお断りしておかなければならない。本書で私が訴えたいことは、アリストテレスが極めて常識的な日常感覚の内に在りながら、少しばかり反省的に日常意識を分析しつつ、人間の意識の通常は意識されない働き方を紡ぎ出したということだけである。しかし、この要請は、我々の日常の言語生活においても、極めて重要な留意すべき論点を突きつけていると思う。我々も、我々自身の意識の働きを、アリストテレスの教導に倣って実演すべきときであると思う。

平成二七年（二〇一五年）三月

著　者

目　次

序　言……v

序　論　方法論としての哲学……三

第一章　論証知の構造――『分析論後書』冒頭における問題提起をめぐって……一三

第一節　「ἅμα ἐπαγόμενος」をめぐって……一三

第二節　「何か?・」の問……二五

第三節　「力の概念」……三四

第二章　自体的属性の論理――『分析論後書』第一巻四章・二巻十章……四一

第一節　自体性の概念……四二

第二節　論証と定義……五六

第三節　定義論の問題点……六三

第三章　類の措定とその基体性——内属性の概念をめぐって……七三
前篇　類の措定……七五
第一節　措定（ὑπόθεσις）と定義（ὁρισμός）……七五
第二節　原因の本質論的再構成の問題……八一
第三節　内属性の存立構造……八四
後篇　類の基体性……八八
第一節　「γένος ὑποκείμενον（基体としての類）」……八九
第二節　基体的内属性……九五
第三節　アリストテレスの色理解……一〇〇
第四章　定義と存在問題——『分析論後書』の究極の問題点……一〇九
第一節　存在と意味……一一一
第二節　非存在からの反照……一一八
第三節　探究論の局面……一二三
第五章　帰納法と分割法——『分析論後書』第二巻十九章……一三五
第一節　「静止する普遍」……一三七
第二節　「最初の普遍」……一四七

第三節　分割法の実演……一四九
第四節　感覚の両義性……一五五
第五節　直覚知の構造……一五八
付論一　数学的真理の問題……一六九
付論二　原子の不可分割性をめぐって――アリストテレスのデモクリトス批判の一断面……一九五
付論三　哲学の復権――書評・井上忠『根拠よりの挑戦』をめぐって……二二三
後　記……二三九
索　引……1

アリストテレス方法論の構想

序論　方法論としての哲学

万学の祖アリストテレスは、また、方法論の哲学者でもあった。周知のようにアリストテレスは学知（エピステーメー）を理論学と実践学と制作学に三分し、自身の哲学的な問題関心の下にそれぞれの学としての体系の骨格を築き上げたのであるが、それに先立つ行程として必須の予備考察とも言わるべき『オルガノン（方法論）』六部作を据えたからである。

『オルガノン』の中でもとりわけ『分析論後書』における議論は、理論学の筆頭に位置する『第一哲学（形而上学）』のみならず『形而上学』を中核とする自然学と数学に呼応し、互いに補完し合う位置関係にある。『形而上学』全十四巻はそれぞれの巻が独立した形態を採り、問題関心は呼応こそすれ個別の論稿の集積の印象を呈しているのに対して、『分析論後書』全二巻は比較的論点が絞られている上に身近な自然の事象の例に富み、一見分かり易そうにも見える。本書は『分析論後書』に定位して、そこに込められた哲学の具体的な在り方を探り出す試みである。

本書は方法論を主題に掲げるが、方法なる概念に、通常期待されるような具体的にして実践的な手段としての意味を認めるものではない。つまり、ここに問われる「方法」には、その方法に従えば目的の境地に到達し得るというような積極的な意味が込められているのではない。反対に、方法論的思考がそれ自体として哲学としての意味を担い得ることを訴えるものである。それが「方法論としての哲学」なる標語を採る所以である。方法論は、アリストテレスにあっては、言わば哲学の中核である。

『分析論後書』（以下『後書』）を貫通する主題が論証の構造の分析であり、ひいては論証された知識の性格付けの問題にまで展開していることは周知の事実である。論証された知識とは、一般化して言えば個別科学の理論体系である。諸々の現象の科学的認識を積み重ねてゆく人間の知識活動を何よりも尊重し、そこに人間存在の意義の極北を認め、さらには神の似姿さえも見たアリストテレスにとっては、この主題が何にもまして最初に究明されなければならぬ課題であったことは、容易に想像されよう。この視座からすれば、『後書』は現代の科学哲学や科学方法論にとっても真剣に検討さるべき論述であると思われる。

しかし、このような主題の重要性にもかかわらず、『後書』はこれまで十分な接近はなされてこなかったと言わなければならない。それは、これまで、ここに言う論証が『前書』で詳細に定式化された三段論法の推論の単純な適用としてのみ解釈されてきた(1)結果としてその固有の意味が見逃され、そこに含まれた強度の本質論的発想に対応しきれなかったためと考えられる。論証には、確かにアリストテレス自身も表明しているように、個別科学の認識を三段論法の推論形式によって公理論的な知識体系に再構成しようという意図も認められる。しかし、これは表向きの姿勢であって、実際には公理論的再構成の視座からすれば、ほとんど第一歩のところで躓いてしまっていることは、まぎれもない事実である。かかる視座からすれば、これまで『後書』がおおむね否定的な評価に甘んじせしめられてきたことは、むしろ自然の成行きであったのかも知れない。

かかる状況において救いの手を差し伸ばすとすれば『後書』を実際の知識論として受け取るのではなくて、それとは別に知識を教授する場を設定することが考えられよう。[2] しかし、この方向は『後書』の主題の持つ哲学上の重要性をむしろ見過ごすものと言わなければならない。そのようなかたちで救っても、『後書』においてアリストテレスが刻苦の内に彫琢している本質論的な方法論（自然の事象の本質化の方法論）は依然として陽の目を見ないで埋没されたままに放置されると言うべきだろう。

私は、純粋に形式的になされる公理論的な再構成の課題はあくまでも事の半面に過ぎないと考える。それとは別に、実際に論証がなされる際の状況に身を置いて考えるなら、[3] たしかに再構成には違いないのだが、また別の具体的な形式の展望が拓かれるものである。以下の行論で、まず私は別の糸口を「それを持つことによって、それに導かれて我々がモノを知るようになるという意味において〔論証は〕現実の知識活動に関係する」（A2. 71b18-19）というアリストテレス自身の証言に求めて、論証の考え方に込められたアリストテレスの独自の方法論を探り出して行こうと思う。論証は、バーンズも言うように、[4] 新たな知識内容の発見の方法ではないにしても、実際の知識活動そのものから切り離されては考えられないものであるからである。つまり、「知識を産み出さない」ことになっては困るのである（71b24-25）。ここでは、個々の事象の経験的な記述を本質論的に捉えなおそうという言わば経験と論理の融合が期されているのである。この課題は、公理論的な再構成の問題とは別であり、それに比べればはるかに広い底辺を有するものである。

しかし、それだけに、『後書』におけるアリストテレスの叙述は錯綜を極めている。主題は間違いなく自然の事象を初めとする我々の日常の経験的な事実全般の本質論的な了解にあるのだが、叙述は主題別に展開されているとは言い難く、至る処で繰り返しと、それにも拘わらず照合に苦しむ重複が見られるのである。全篇は二巻に分かれているが、その編成も特にそれぞれの主題に即したものとは思われず、また、それぞれ三四章と十九章に細分されているが（これはアリストテレス本人の章分けではなかろうが）、どれも岩波書店の旧全集版で一、二頁から五頁前後の短い断定的な主張で（例外的に長いものでも九頁前後に亘るものが二章あるに過ぎない）、とても章としての体裁をなしているとは言い難いのである。それでも、だからと言ってアフォリズム的な断定の集積というわけでは全くなくて、先鋭な本質論上の議論が文脈に応じて浮かび上がる。これは、表現の妙のなせる業なのであろうか。

否。これは、そのような表面的な技巧ではない。それは、さらに強靭なアリストテレスの存在把握の現れである。そこには、くだんのアリストテレスの実体論の陰影が投げかけられているのである。言うまでもなく、アリストテレスは、実体論の哲学者である。アリストテレスの言辞には、常に実体概念が伏在する。科学的認識の可能性を問う当『分析論後書』の言辞にも、実体論の影は、執拗に付きまとうのである。

アリストテレスの実体論は哲学史上すぐれて突出した主題であるにも拘わらず、その要諦はきわめて単純である。それは、まず第一次的了解として、個体が「これ」（「この何か（τόδε τι）」）として指示される。しかし、このフレイズの根幹部の「τι」は、字義通りに「これは何か？（τί ἐστι）」と問われた対象である（実体とは、さしあたっては、この問を喚起せしめる対象である）。この問には、それぞれの状況に応じて、たとえば山道で出会った影に対しては「狸」が答えられる。実体論においては「τόδε τι（somewhat）」―「τί（what?）」の連関がすべてである（「これ（τι）は、何だ？（τί）」）。煎じ詰めれば、実体とはこの「何か（τι）」なのであり、実体論はτι（「何か」）の変幻の織り成す妙技である。

私はいささか単純性の美学に殉じ過ぎたかも知れない。しかし、これは単なる語呂合わせではない。この問と答の連関は、ひとえに「何か［あるもの］（τι）」という不定代名詞の言はば自己言及作用である（不定代名詞という用語は不適切であるが敢えて慣用に従う。「何か」として指示された対象には、紛れもなく一定の確かな相が顕現している）。アリストテレスはこの呼吸を察知して、τὸ τί ἐστι（本質）なる術語を案出した。「何か」は「何なのか？」と問われるに応じて、「何か」に潜在する「本質」が惹き出される。本質は、さしあたっては、それを体現している名辞（「狸」）によって固定される。そして、「何か？」の問がさらにその名辞に迫ると（「狸とは何か？」）、その本来の性質（本質）が惹き出されるのである。結果的に言えば、この時点で発端の「何か」は定義されて実体として承認されることになる。

本質規定は、類概念と種概念によってなされる。本質は、種概念に見立てられた名辞（事物及び事象一般）に対する、類概念と種差による定義に現れる。それは『形而上学』の主題であるが、『形而上学』全十四巻に限らず、超越論的な関心のある処には随所に現れている。『形而上学』も、『後書』に劣らず消耗な議論の堆積であるが、そこには思考の流れには型があるので考え易い（「τι の変幻」）。それは、対象として据えられた実体概念の敢えて言うところの日常性に依るものであろう。

『後書』はかかる実体論を前提してなされる探求の方法論の書である。それは、対象（事象）一般に見られる属性の本質としての資格を検討する議論である。それは「何か」には違いはないが（いやこの場合には「何か」だからこそ）摑み処がなくて、アリストテレス自身、主題を掲げて順次議論を積み重ねて行く体裁を取り得なかったと勘案される。繰り返しになるが、それだけに議論は錯綜し、袋小路を徘徊するかに見えるのである。それでも、実体論の確かな思考の展開を見る以上は、そこに見られる錯綜にもそれなりの筋道が隠されているのではないかとの期待も持たれる。言うなればこの錯綜もアリストテレスの確信の裏面なのではないか。錯綜に見える概念の連なりも、事象の存在の事実が反映されているのではないか。――『後書』の文章は、筆者にこのような思いを改めて感じさせるものである。

しかし、こうなると、いきおい読解の作業も、断片的に見える言辞を首尾一貫した思想に繋ぎ合わせて行くという形式的な作業に委ねざるを得ない。形而上学的な確信に裏打ちされた重厚な言辞の連なりであるはずの文言に対するならば、これはまことに貧相で消耗な抵抗にも見える。しかし、これは、アリストテレスの方法論に触発された筆者自身の解釈者としての方法論的な対応なのでもある。本書では、この行き方を意図的に採り容れて叙述を重ねる。本書は、このようにして重ねられた叙述の集積である。

＊

本書では、まず第一章において、早速その錯綜の追思考の実演として、これまでほとんどの解釈者たちを悩ましてきた『後書』冒頭の「難解な」一節に対して、一つの単純な試解を提示する。その上で、その単純化された形式に従って、論証知一般の構造と意味の究明に専念する。『後書』冒頭の一見不可解に見える一節は『後書』全篇の展開を予示する貴重な証言である。その「不可解に見える」言辞を素直に受け止めると、『後書』全篇の骨格が探り出される。この究明は、『後書』そのものの解釈を超えて（と言っても『後書』から離れてではない）、現代科学の理論構成におけるともすれば見過ごされがちな形式の確認にまで展開する。

第二章では、同じ方法論的な視角から、『後書』第一巻四章に視線を移して、そこに表明されている前提命題の形式の規定の独特な仕方に注目する。第四章では前提命題の条件の重要な一つとして、そのような命題は主語に対して「自体的に」述語されていなければならないとするのであるが、アリストテレスはその自体性を一つの問題概念として掲げていると受け止めて、その術語的な意味を析出する。そのような性質は、実体の定義をなす性質ではないが、基体に固有の、基体を離れてはあり得ない、その意味で特別視される性質である。自体性はその重要性にもかかわらず従来主題的に論じられることの少なかった概念である。本章はその欠落を埋めることをも意図している。

この場合、基体は類としての位置を得る。このような性質を概念的に確定すれば、自然の事象の原因究明の議論は本質論的な視座から、本質論の一環として再構成される。私はこれを自然の事象の原因解明に際して、原因を単に経験的な事実として受け容れるのではなくて本質論的な議論に採り容れるための方法論的に大がかりな構想の現れとして受け止める。これは実体論に基づく本質論の概念的な拡張を期した議論なのである。

以上二つの章の結論を基本的な了解としてその上に浮かび上がる概念が、「類の基体性」である。第三章ではその「類の基体性」を主題的に論ずる。『後書』第二巻十章の諸原理の検討を分析すると、論証の実質的な端緒は類の存在措定であると知られる。そこで、それぞれの局面において、「類の措定」が如何に想定されているかを探る。具体的には、まず、自然の事象の原因究明において、類の措定の許になされる推論形式の内実を確定する。それから、自体的属性を内属性に絞り、そこにおける類の在り方をアリストテレスに即して考える。さらに、それが本質論の議論に取り込まれる在り方を存在論的に論ずる。また、類に関する基体性なる概念は「存在措定された類」から派生したものであるが、そこには自然学における質料的な状態も予想される。その質料的な状態を、実際の色についてアリストテレスの特殊な色理解を探り、自然学的な事態と質料的な性質のそれぞれにおける原因究明の拡張の具体的な在り方を明らかにする。

第四章の主題は、文字通り「定義と存在問題」である。『後書』第一巻二章の原理論に示された意味規定としての定義は、第二巻三―七章の弁証論的な検討を経ると、その非実在論的な性格が露呈する。これが、論証の局面に持ち込まれる実体論のアポリアの跡である。アリストテレスはこの問題に正面から立ち向かい、哲学の議論を彫琢する。原因究明の過程が論証の形式をとって再構成されると、論理上のアポリアはアポリアのままに、実際上の議論の表面からは消える。これはアポリアの解決ではないが、アポリアを適切に捌くアリストテレスの実践知の現れである。本章は、第一章の問題提起に対する実質上の結論である。

第五章では、視線を転じて、定義の為の補助的な方法としての帰納法と分割法を論ずる。定義、分割、帰納の三者は、通常の皮相的な了解に反して密接に絡まり合っている。本章では、これまでの総括を込めて、『後書』末尾の第二巻十九章における一節を採り上げて検討する。あわせて『自然学』第一巻一章、『動物部分論』第一巻五章等のよく知られた一節にも言及する。それによれば、帰納法は個物から普遍への抽象の過程ではなくて、最初に大まかに据えられた概念を徐々に細分化して書き込んで行く過程である。その意味で、それはプラトンに始まるとされる概念分割の過程と重なるが、分割の過程そのものは、プラトンが描くように機械的な二肢分割として単純になされるわけではない。具体的に突き詰めると、プラトンの方法の方が結局は実際のアリストテレスの固有の具体的な自然観察と同趣の事実認識の過程に帰着することになる（そこに掲げられた「気宇広大」なる気質をアルキビアデスとアキレウスとアイアスの三者に即して「戦意」から「激怒」を通って「自害」にまで絞ってゆく筆致は、お見事という他はない。ここには往々にして見過ごされがちなアリストテレスの思考の特徴的な一面が見られる）。

そして、それを支配するのは、ヌースの特異な働きである。

本書における一連の思考の流れはここまでであるが、私は、本書に、関連する三つの試論を追加した。

付論一では、ものを数える行為に基づくアリストテレスの穏当な数の理解をプラトンのイデア数の考え方と比較検討しながら、両者の「数理哲学」の素地を明らかにする。それによれば、両者とも実在論的な数の理解から離れざるをえないという意外な結果になる。アリストテレスについては『形而上学』第M巻N巻の細かい議論の分析による。プラトンについては謎めいたイデア数の観念を『ピレボス』篇における「大と小（多目のものと少な目のもの）」という特異な概念対を手掛かりにして再構成する。アリストテレスは『形而上学』第M巻においてそれを徹底的に批判するのであるが、その大部分は批判の体をなしていない。それでもそこには数学的真理に対する強い関心と接近の跡が認められる。

付論二では『生成消滅論』第一巻二章におけるデモクリトスの原子の不可分性を伝える逆説的な議論を採り上げて、その批判の成否を検討したものである。デモクリトスの議論は、物体の分割が無限に続けば大きさがゼロになるから、分割はどこかで止まらなければならない、とするものである。この議論は「分割をどこまでも続ければ大きさはゼロになる」という当時としては誤りとされる主張の上に成っているかに見えるが（ゼノンのアキレスと亀の逆理の論点）、これを同じくゼノンの二分割の逆理と重ね合わせに考えることによりデモクリトスの前提を救い、「不可分の大きさ」の観念は辛うじて認められることになるとする。そこには逆説に対して逆説で応ずる執拗な議論の応酬が感じ取られる。極限値の観念のなかった当時の知的状況において、極限値の観念の可能性が具体的に想定される状況が垣間見られて興味深い。

付論三は後記にも記したとおり筆者の個人的な思いがやや勝るかもしれないが、第三章の内属性の議論の背景をご披露する意味もあって、敢えて収録した。

註

（1） これは伝統的な解釈であるが、バーンズの訳注書でもはっきりとこの考え方を採っている。J. Barnes (1), *Aristotle's Posterior Analyties*, Oxford, 1975, Introduction XI.

（2） J. Barnes (2), Aristotle's Theory of Demonstration, *Phonesis* 14, 1969; Reprinted in *Article on Aristotle*, vol. 1, Duekworth, 1979, p.82.

（3） Cf. L. A. Kosman, Understanding, Explanation and Insight in *Aristotle's Posterior Analytics, Exercis and Argument*, 1973, pp.374-392.

（4） J. Barnes (1), Introdauction XI.

第一章　論証知の構造

――『分析論後書』冒頭における問題提起をめぐって――

『分析論後書』の議論の錯綜は、早々にして冒頭の「難解な」一節に現れている。この一節は、これまでほとんどの研究者たちを悩ましてきたものである。本章では、敢えて私はその錯綜の追体験は保留して、この「難解な」一節に対して、一つの単純な試解を提示したい。その上で、その単純化された形式に従って、アリストテレスの語る論証知一般の構造と意味を究明しよう。

第一節　「ἅμα ἐπαγόμενος」をめぐって

私が問題の糸口にしようとしているのは、『後書』全篇の冒頭の近くになされている ἅμα ἐπαγόμενος ἐγνώρισεν（A1. 71a21）という一句の解釈である。動詞 ἐπαγεῖν から派生した ἐπαγωγή は、通常はもちろん演繹に対する帰納を意味するが、ここに現れた受動分詞形 ἐπαγόμενος は通常の意味で解釈すると文意が釈然としない処から、ロスによって、特に通常の帰納的な意味とは反対に、「〔演繹的に〕結論に導かれる」とされている処である。[1] このような用例は、すぐ後の同趣の表現 πρὶν δ' ἐπαχθῆναι ἢ λαβεῖν συλλογισμόν（71a24-25）にも認められる。ここでは、受動不定詞 ἐπαχθῆναι は、はっきりと「推論［の結論の認識内容］を容認すること」として敷衍説明されている。この解釈に沿って、岩波書店旧版『アリストテレス全集』第一巻では、次のように翻訳されている。

（A）すべての三角形が〔内角の和として〕二直角に等しい角をもつことをひとは予め知っていた。だが、半円に内接するこの図形が三角形であることは、彼が〔この図形が二直角に等しい内角をもつという〕結論に導かれると同時にこれを認識したのである。（*An. Post.* A1. 71a19-21、加藤信朗訳）。

ここにこのような演繹的な意味を認めることについては、さらに、この内容がエウクレイデス『原論』第三巻定理三一「半円に内接する角は直角である」の証明に関係するということも、傍証として掲げられる(2)。ここに前提されている演繹を念のため確認しておけば、つぎの三段論法第一格第一式（Barbara）の推論が挙げられよう（以下推論と言えばBarbaraを言うものとする）。

大前提　三角形は二直角に等しい内角を有する。
小前提　この半円に内接する図形は三角形である。
結　論　この半円に内接する図形は二直角に等しい内角を有する。

この推論の構造をもとにして考えるならば、この一節に先行する予め知られた知識の二つの意味に関する要領を得られない説明も、一応推論の両前提の事を言うものと受け容れられよう。ここにも ἅμα ἐπαγόμενος と同

趣の ἅμα λαμβάνοντα γνῶσιν という表現が採られているのであるが、これも当然この例の場合と同じ方向で解釈さるべきであろう。それゆえ γνῶσιν は、推論による知識と見るべきである。この解釈の方向で最小限に意味を補って訳出すれば、次のようになろう。

（B）予め知られた知識は、ある場合には〔推論の大前提として普遍的に〕知られているが、ある場合には〔推論の結論の〕知識が容認されると同時に知られる。これは〔小前提の了解の場合であって〕個々の事象が既知の普遍の下に帰属せしめられる場合である。（71a17-19）

しかし、このように解釈してみても、これだけでは依然として疑問は残る。こうなると、かえって ἐπαγόμενος ということの内容が確定しただけに、今度は「推論の結論に導かれると同時に小前提の内容が知られる」ということの具体的な意味の究明が要求されよう。これでは、結論の方が小前提よりも先に把握されていることになり、通常の推論とは順序が逆になる(3)。何を、アリストテレスは順序を逆転してまで訴えようとしているのか。――この点は『後書』における最初の論点になるはずである。しかし、ロスは、それについてはまったく問題にさえ採り上げない。バーンズも、結論が知られる以前に小前提が知られていないなら、結論の知識が小前提の事実に基づくということは如何にして可能だと言うのかと問いかけて、この議論を説得力を持たないとしているだけである(4)。

この論点の解明が問題として成り立つことを示すために、このパラグラフに先行する『後書』冒頭のパラグラフに認められる問題提起の背景を検討しよう。アリストテレスは、まず冒頭の一文で、知識の構造を知識を習得する局面において明らかにするという姿勢を示す。そこでは、教師から知識を教授される場合でも、学習者みずからが学習する場合でも、ともに予め知られている知識に基づいてなされることが主張される（71a1-2）。かかる構造は数学のように体系のはっきりとした個別科学においては自明であるとされたあとで、個別科学の体系には捉われない個々の議論についても同様に認められることが確認される[(5)]（71a2-5）。ところでそのような議論には、推論によるものと帰納によるものとがある。そこで、その両方の場合に、予め知られた知識をとおして教授がなされることが確認される。「推論は〔その前提命題を〕それを既に理解している人から教えられるかのように容認し、帰納は個々の事象が明白であることをとおして〔個々の事象が帰属する〕普遍を証明するからである」（71a6-9）。

ここで特に注目さるべきは、推論と帰納とが対照的に問題視されていると言っても、両者が別々のものとして対比されているのではなくて、逆に、同質の方法の場面に応じた違いという局面から採り上げられているということである。それは、両者が、τε…καὶ…の結合子によって両者相まったかたちで一括されていることにも示唆されているが、それ以上に、帰納の内実がはっきりと「普遍を証明する」（71a8）というように、推論による証明を前提する形で示されていることから明らかである。証明と言うことを文字通りに強義にとるならば、ここには「個々の事象が明白であること」のほかに、その明白なサマにはある普遍的な本質が潜在することが予想される。つまり、ここには個々の事象に潜在する普遍が個々の事象が帰属する具体的な普遍として姿を現してくる過程が、ある種の演繹の形式において示唆されているのである。潜在する普遍の直観はアリストテレスの言う帰納法の本質論的な契機であるが[(6)]、ここでは、同じ内容が、理性による直観などという内包的（志向的）な方向においてではなく、演繹という外延的な形式において、問題にされているのである。それが、『後書』全体を方向づける重要な問題提起として冒頭に掲げられているのである。

さて、71a17以下問題のパラグラフは、このような問題提起の後を承けて、いわばその具体的な展開として突き付けられている。それゆえ、ここに示唆されている逆転された推論の構造の意味は、先行する冒頭のパラグラフにおいて問題提起された「個々の事象が明白であることをとおして普遍を証明する」ことに関係するのではないかと探りが入れられる。つまり、ここには、冒頭のパラグラフで触れられた帰納法の演繹の内実が示されているというわけである。

それゆえ、いま注目している順序の逆転は、ここで議論が個々の事象に即してなされていることからくる制約と考えることができる。バーンズは、かかる制約の下では個々の事象に関する前提が結論に遅れて知られるのは本質的であると言う[7]。すでに断ったように、バーンズはこの議論全体を説得力がないとしているためにいかなる意味で本質的であるかは何も語らないが、かわりに『分析論前書』第二巻二一章の一節（67a8-26）に参照を求めている。この一節は、主題は異なるが、議論の脈絡や例に共通性が認められ、常に照合される箇所である（そこに逆転の本質性を解く糸口を認めているという意味において、バーンズは特筆さるべきである）。そこでは、まるで符合するかのように、ἅμα τῇ ἐπαγωγῇ（67a23）なる表現も採られている。そこで、次にその一節に目を移して、もう少し問題の裾野を拡げておくことにしよう。

＊

『前書』第二巻二一章における問題の一節は次のごとくである。問題の個所なので、まず、さきの『アリストテレス全集』第一巻におさめられた訳文を掲げる。

（C）この点は、「学習は想起である」という『メノン』の議論もまた同様なのである。というのは我々が個別のものを予め識っているということはどこにもありはしなくて、ただ、結論に導かれると同時に、部分に関する［個別の］ことどもについての知識を、恰も再認識するかの如く、容認するからである。（*An.Pri.* 67a21-4 井上忠訳）

ここで、問題は、（一）ἅμα τῇ ἐπαγωγῇ と言われた ἐπαγωγή が具体的には何を意味するのか、また、（二）「個別のものを予め識っていることはない」とされるが、個別的なものの認識とは何なのか、という二点に絞られる。『メノン』の議論への直接の照合はその解明の糸口を示唆する（これは『後書』の先の個所でも示唆されていた）。しかし、ここではそれに先立って、この一節に先行する 67a8-21 の主題をまず検討しておきたい。

『前書』第二巻二一章は過誤論であるが、当箇所はその内でも個々の事象に関して誤る場合の論理の追求である。しかし、個々の事象に関して誤るとは、どういうことか。それを、アリストテレスは、推論の形式を使って巧みに説いている。

（D）たとえば、AはB全体に述語であり、BはC全体に述語であるならば、AはC全体に述語である。このような場合に、誰かが、Aが、Bがそれに述語であるモノ全体に述語であることを知っているならば、その人はAがCに述語であることも知っているのである。しかし［Bが述語される］(8) Cが存在することについて知っていないことを妨げるものは何もない。たとえば、Aは二直角、Bは三角形、Cは感覚される三角形であるとする場合。人はすべての三角形は二直角を持つことを知りながら、〔Bであるような〕Cは存在しないと判断することはありうるからである。（*An.Pri.* B21. 67a9-16）

この一節の前半（例の前まで）では、AがCに述語されること（以下C–Aと略記）は知られていても、C–Bが知られていない場合がありうることが指摘されている。しかるに後半の例から判断すると、C–AはB–Aに帰着することが示唆されているので（さらに67a19-20）、B–A（大前提）は知られていてもC–B（小前提）は知られていないことがある、とまとめることもできよう。大前提となる一般的な法則は分かっていても、小前提としてそれが個々の事象に適用できないというのが、個々の事象の場合に生ずる過誤なのである。そして、このような過誤は、個々の事象に即した場合には、実際問題として十分に生じうるものだけに「個々のものを予め識るということはどこにもありはしない」とされるのである（『後書』第一巻一章の方ではすぐに続いて「個別的なものは媒介項をとおって知られるのではない」（71a22-23）とされるが、これはまた別の思考の脈絡における発言と見る）。それゆえ、それは推論の前提たりえないわけで、推論以外の何らかの仕方で推論の「結論に導かれると同時に」しか知られえないわけである。この一節では、過誤という実際に生ずる事態に注目して、逆転の正当性が示唆されていると考えられる。

しかし、この問題には、少しばかり厄介な問題が付きまとっている。さきの引用（C）の67a21-4には、次の一節が直結しているからである。同じく井上訳で次に掲げる。――「何故ならある種のことどもは、我々はこれをいきなり知るにいたるのであって、たとえば、もしわれわれが［現にある図形を］三角形であると知るや否や、［その内角の和が］二直角に等しいと知るがごとくである」（67a24-5）。このまま読むと、私が本章で問題にしている逆転が、ここでは元に戻されているかに見える。つまり、こちらでは、71a20-1と違って、普通の推論が例示されているのである。ロスも、この一節から、ἅμα τῇ ἐπαγωγῇ に deductive な意味を認めているのである。[9]

しかし、私は、この一節は、引用（C）からは切り離しうるし、そう考えなければならないと思う。何故なら、この一節においては（C）の主張する過誤が全く現れてはいないからである。それではどうして明白に趣旨の異なる二つの主張が一つの脈絡で語られているのか。それは、「いきなり」と訳されている εὐθύς が、問題の ἅμα τῇ ἐπαγωγῇ と同義に解されたためと考える。それは、一見、同じように見える。しかし、素直に考えれば、これは文字が違うという以上に異なる。εὐθύς はもちろん直接感覚に訴えるものについても語られるが、それ以外にも使用される広い概念である。とくに『分析論』においては、推論がなされて「ただちに」結論に導かれるという文脈で用いられる。ここは「いきなり」ではなくて、例示されているとおりに、推論によって「ただちに」である。それは、推論の前提たりえないために ἅμα τῇ ἐπαγωγῇ という迂路を介してしか知られない場合の対極なのである。

しかし、それではなぜこうも明白に対照的な場合が γαρ で同じ場合であるかのごとくに結び付けられているのであろうか。それは、引用（C）の叙述が個別的なものに限定されていることを強く訴えるためであると思う。理由づけは、このようなこともあるのだから、（C）のようなことは個別的な場合に限定されるに過ぎない、という趣旨を強調しているのである。「ある種のことども」と訳されている ἔνια にも、このようなニュアンスが込められている。

『メノン』の例も形式はやや異なるが、この脈絡からはむしろその趣旨が生き生きと訴えられる。ここに言う『メノン』の例とは、81b-86bで論じられる二倍の面積の正方形の一辺の長さを求めるよく知られた問題である。対角線が実は解答なのであるが、探究の始まりにおいては、それはまだ把握されていない。実際に引かれた対角線は見られているにしても、それがいま問題になっている普遍的な関係の一項となっているとは理解されていないのである。しかるに、所与の正方形を四個大正方形をなすように並べて補助線を順次引きつつ上図の図形を描いてみるならば、小正方形の対角線が中間の正方形の一辺になっている事実は一目瞭然に理解される。これをプラトンはアナムネーシス（想起）と言う。同じ事態をアリストテレスは、実際に引かれたこの線分（対角線）が上記の図形の関係に組み込まれたと同時に、これ（対角線）があれ（問題の一辺）であったのかと「恰も再認識されるかの如く容認される」と語っているのである。

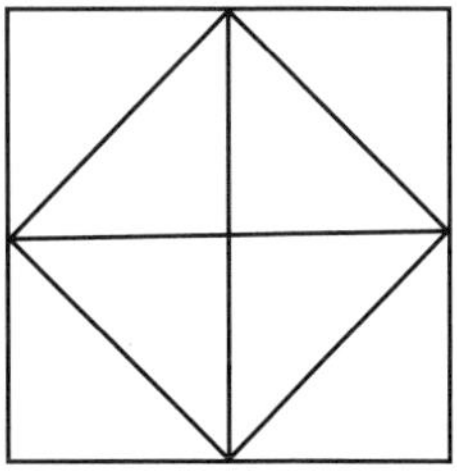

さて、このように見てくるならば、ここで私はさらに考えを一歩を進めることができる。このような個々の事象に対して普遍的な性質を気付かしめられる過程（C–Bに導かれる過程）は、改めてこれが帰納なのだと言えるのではないか。——これはアリストテレスの ἐπαγωγή の諸義に新たな一項を付け加えるかに見えるが、それ以上に、アリストテレスの帰納法に込められた最も本来的な意味の確認であると言いたい。そこで、私は、ἅμα ἐπαγόμενος も ἅμα τῇ ἐπαγωγῇ も、ともにあっさり文字通りに「帰納されると同時に」と訳すことにする。ただし、

その内容はロスの言うように「推論の結論に導かれると同時に」である。この点は、ロスは正しい。しかし、これが重要な点なのであるが、ここで推論に導かれるのは演繹がなされたからなのではなくて、直接それと経験された（正確には経験するように仕向けられた）からなのである。以上をまとめて煩を厭わずに繰り返し敷衍すれば、これは「演繹によって把握されるはずの推論の結論に帰納によって経験的に導かれて」の謂である。

この解釈をさらに傍証するのは、*ἅμα ἐπαγόμενος* や *ἅμα ἐπαχθῆναι* と併行して使われる *ἅμα λαμβάνοντα τὴν γνῶσιν*（71a18）や *λαβεῖν συλλογισμόν*（71a25）における *λαμβάνω* なる動詞の意味である。この動詞は『分析論』においてはもっとも頻繁に使われる語の一つであるが、その基本的な意味はほぼ一致して前提命題を仮設的に採り容れるということである（本書では岩波書店旧版『アリストテレス全集』第一巻の訳語に倣って「容認する」で一貫した[10]）。それは、例えば、「論証家は何かが何かであるかあらぬかを容認して推論する」（24a26-28）というように使われる。それは、推論によって論理的に導かれるということの対極である（B4. 91b10-11, *An.Pri.* B16. 64b28-29）。ここに論理的な帰結を認めるのは、一般的な用例に沿った理解ではない[11]。素直に読めば、ここはどうしても、推論の結論を推論の前提命題を容認するかの如くに容認するということである。あるいはさらに考えを推し進めて、新たな演繹の前提命題として容認すると言ってもよい。そして、それを実際に行うのが、帰納なのである。

このような容認が実際にはどのようにしてなされるのかと問うことは、あまり意味がない。いまの問題が知識の教授の場面でなされていることを思えば、学習者が教師によって当人が未だ知らない推論の結論をまず示された状況を思い描いてみればよい。このような状況においては自分では未だ思いついていないことでも経験しうるわけであり、『メノン』のアポリア（71a29-b8）はきれいに避けられる（ただし解決されるのではない）ことになろう。――しかし、当面の三角形の場合なら、私はもっとあっさりとたとえば角を測ってみて二直角になっていることを経験し、それを容認することで十分であると思う。これは三角形らしく見えるがはっきりと三角形であると決めかねる図形を前にして（たとえば三角点を結ぶ大三角形）それが正確に三角形であるか否かを判定する際に、われわれが必ず採る方法である。このように言うと、非感覚的な幾何学の認識を測定という実証を根拠にして行うとして反対されるかも知れないが、このような反対意見はもっとも初歩的なところで趣旨を取り違えた俗見である。測定ということを言っても、測定した結果をそのまま認めているわけではないからである。三角形であるという判定は、あくまでも演繹によって行われている。測定は、その結果を前提命題として容認すればという形で、演繹の過程の一つの条件として入っているに過ぎない。前提に測定の結果が入っていると言っても、これは通常の Barbara において小前提が「これは三角形である」という経験（視覚内容）による判定がなされているのと同断である。三角形であるという判定は、あくまでも、両条件の容認の上に、演繹によってなされているからである。

このように思考の脈絡を整えて言うならば、ここで私は初めに立てた逆転の問題に対して、一つの新しい回答を提案することができると思う。即ち、当箇所（71a17-21,67a22-24）においては、Barbara の推論とは別種の演繹が考えられていると。――その演繹は、Barbara の大前提と結論とから小前提を導く演繹である。(12) つまり、ここでは、容認されているのは大前提と結論である。小前提は実際問題として容認され得ないので、演繹されて初めて知られるのである。そして、これが、冒頭のパラグラフで「普遍を証明する δεικνύντες τὸ καθόλου」とされた敢えて言う処の帰納法の外延的な形式なのである。

煩瑣に過ぎるかも知れないが、念のためにここにδεικνύντεςされた過程を示せば、次のようになる。

（1）　三角形は二直角に等しい内角をもつ。（予め知られた知識として容認）

（2）　半円に内接するこの図形は二直角に等しい内角をもつ。（測定された結果として容認）

（3）　半円に内接するこの図形は三角形である。（（1）（2）より演繹）

この演繹は、ここでは妥当である。それと言うのも、この例では、（1）は全称肯定のままで換位され、そうなれば形式上はBarbaraの推論がなされたのと変わりがなくなるからである。

しかし、この形式の演繹は、一般には妥当ではない。（1）が全称肯定のままで換位されるとは限らないからである。それは、一般的に言えば、結果から原因を推定するさいに採られる思考の形式である（後述）。それゆえ、この形式の演繹は、改めて推定の演繹と呼ぶことにしよう。アリストテレスは、Barbaraの推論を実際の個々の事象に適用するにあたって、敢えて推定の演繹に構成し直しているわけである。

誤解なきように一言断っておくが、このように言っても、何も私はここでアリストテレスが新たに推定の演繹という別種の演繹を導入したと主張するわけではない。ここで私は、アリストテレスは個々の事象に即するという制約の結果、便宜上推定の演繹の形式を踏襲しているということを指摘しているに過ぎない。アリストテレス自身の意図は、おそらくは推論の順序を少しばかり構成し直さざるを得なかったといった処であろう。それが、ἅμα ἐπαγόμενοςという一見奇妙な苦しい（？）表現となって現れていると斟酌されるのである。

それゆえ、（1）が全称のまま換位されること、あるいは同じことであるが、（1）の両項の外延が等しいこと（同延性、commensurability）は、ここでは予期される以上に重要である。そうでなければこの演繹は妥当でなくなるわけであるが、単にそのように言う以上に、このことによってこの演繹がBarbaraの推論と内実は変わりがないことが保障されるからである。（1）の両項の同延性は、言うなればBarbaraの推論が敢えて推定の演繹の形式をとって実際の個々の事象に適用されるための条件である。これは、単に推論を考えるだけの場合には現れない強い条件である。この強い条件によって、大前提は、本質規定命題の性格を帯びるようになる。

ところで、かかる本質規定命題は、定義と呼ばれる。そこでここまで論じてきた思想をアリストテレスの用語でまとめるならば、推論が帰納の場に適用されるためには大前提として定義が容認されていなければならない、となろう（この点は第二章で主題的に論ずる）。そして、定義が容認された状況では、帰納的に観察された諸相はそのまま定義さるべき概念の内容に収斂するのである。これが、「帰納がなされると同時に」小前提を構成する概念が確定するということの実情である。これはBarbaraの推論を前提した演繹の過程であるが、同時に一つのまとまった認識行為でもある。アリストテレスが『後書』冒頭のパラグラフで帰納法に関して δεικνύντες τὸ καθόλου と説いているときには、このような一つの認識行為が思い描かれていたと想定されるのである。

第二節　「何か？」の問

ところで、『後書』全体の主題は論証であった。次に、その点に焦点を合わせて、さらに検討を続けよう。論証の意味の解明という本来の課題のもとで考えるなら、一節で論じた帰納の場に適用される推論の形式（推定の演繹の形式）は、実は、論証がなされる際の形式であると考えることができる。その視座から論証の規定を考えるなら、論証とは、実際に生起する個々の事象に即して経験される知覚内容を、それを既知の本質の中に取り込んで行くことによって、本質の知識として再認する（その際本質の知識の範囲は拡大する）形式である。それは、プラトンの言う「想起」の自覚的な遂行である。

このような想起は、しかしながら、冒頭の一パラグラフから示唆されたに過ぎない。冒頭の問題提起であるからには十分に一般化は期待されるのであるが、やはり一面性は否めない。そこで、本節では、追認に似た順序になるが、この了解を『後書』全体において明らかにするために、『後書』において特徴的に認められる問の立て方に注目して、そこにアリストテレス独特の方法論的な思想を探ることにしたい。

具体的な問題提起は、続く第一巻二章の初めになされている。アリストテレスは、論証の分析に着手するにあたって、論証が目的とする「知る」ということを直接採り上げて、その条件の確認をまず行う。それによれば、事象を端的に知るということは、（一）事象がそれに依拠して存在している処の原因を事象の原因として知ること、（二）事象が他様ではあり得ないと知ること、この二つである（A2. 71b9-12）。[13]（一）では事象に直面しながらも、視線は原因の方に向けられている。しかるに（二）では、視線は再度事象の方に固定されて、事象をある特定の状態において捉えることが構想されている。ここでは、論点は二つに分かれている。

この二つは、事象の原因を知っていれば事象は他様ではあり得ないとして知られる、という形で関係していると考えられるかもしれない。しかし、これはただちに言えることではない。たしかに結果的にはそのような関係になっているのであろうが、そう考えるためには原因の観念を特別に性格づけなければならない。『後書』では、以下に主題にするように、原因の観念は本質の観念に全面的に吸収されている。そして、本質ということは、自然の事象に関しては、自体的 κατὰ αὑτό とされる事象の特定の在り方から考えられている（これは次章の主題である）。このように想いを巡らすと、当面まず問題にさるべきは、（二）の事象に対してなされる他様ではあり得ないという性格付けの方であるように思われる。

他様ではあり得ないとは、アリストテレスの術語で言えば、必然的ということである（A4. 73a21-22, A6. 76b5-12ff, A33. 88b32）。ここに言う必然性は事象の必然性であって、演繹の必然性ではない。それは事象が「何かXが何かYである」と叙述される際に、XとYとの結合の間に現れる特定の性格である。それゆえ、演繹の必然性のように特に自明な性格が与えられているわけではなくて、事象の間の特別の関係が注目されているというにすぎない。ここでは、必然性という術語が充てられても、それは特に他様ではあり得ないという初めの性格づけを出るものではない。そこで、問題点は、やはり（二）の文字通りの分析に引き戻されるのである。

このような問題状況において具体的な考察の糸口になるのは、第二巻の探究論とも呼ばるべき論述の方である。ここに言う探究は、原因の探究である。ここに認められる独特の手法は、いま第一巻二章に見た知ることの二条件を具体的に展開したものと見ることができる。

第二巻の初めの二章では、探究の端緒における問の形式の組織化がなされる。いま第一巻二章の初めに見た原因と事象の関係は、存在と本質の概念とともに、さらに限定された視角から問われる。

すなわち、そこでは、まず冒頭に、(1)事象の問（τὸ ὅτι）、(2)原因の問（τὸ διότι）、(3)存在の問（εἰ ἔστιν）、(4)本質の問（τί ἐστιν）と便宜的に名付けられる四種の問が併記され、事象―原因の関係は、存在―本質との対照の上で問われることが明らかにされる（B1. 89b24-25）。ここに言う事象の問とは、例えば「太陽が蝕を被るか否か」（ibid）と問われるように、何かXが何かYであることの存立の可否を問う者であり、「神とかケンタウロス」（89b32）といった実体的なものの存否を問う存在の問とは次元を異にする問とされるのである。ところが、アリストテレスは、一度このように問の次元を対照的に区別しておきながら、敢えてそれを存在──本質の問に一元化しようとする。つまり、第二章では、事象は存在に、原因は本質に、言わば還元されることが示唆される。

このような措置は、もちろんただ事象を眺めているだけでなされるわけではない。この趣旨を了解するには、アリストテレスもはっきりと主張しているように、媒介項（中項）の考え方に注目することが必要である。

（E）我々が探究し、発見して知に至る事柄はこれらであり、これだけの数のものである。我々がそれが事実として存在しているか、もしくはそれが端的に存在しているか否かを探究しているときには、我々はその媒介項が存在しているか否かを探究しているのだ。つまり、我々は、何かが何かであるという事実もしくは何かの端的な存在を知っているときに探究に駆り立てられるのであるが、探究が部分的にであれ全体としてであれ、また、探究が何故にであれ、何であるかについてであれ、そのときには我々は媒介項が何であるかを探究しているのだ。（B2.89b36-90a1）

媒介項（中項）とは、事象を映す命題の主語（小項）と述語（大項）の結合を媒介する概念である。事象が他様ではあり得ないかたちで存立しているときには、媒介項は、ただ一つ、同一のものとして決まっている。事象はたしかに「何かXが何かYであること」には違いはないのであるが（「月光が消えること」、「葉が散ること」）、XとYの結合が他様ではあり得ないかたちでなされている限り、XとYは言わば両者を必然的に結び付けるとされる事態に一体化しているのである。そのとき事象は同定されて、一つの名辞によって指示される（「月食」、「落葉」）。即ち、一つの存在の成立である。(14)

そこで、事象の存立の可否は、このような媒介項となるものの存否に対応する。存立する事象には、媒介項となるものの存在が現れている。存在への還元は、媒介項の存在という限定の上でなされるのである。

このように、媒介項は、また原因の体現でもある（90a1, etc.）。原因の追究は、媒介項に対する問いかけの内に、すでに本質の追求に還元されているのである。このように存在への還元がなされた時点では、問はさらに、「当の媒介項は何か?」と展開されているからである。これは、問の還元を論じた後で、実際にアリストテレスが結論的に語っていることである。

（F）これらすべての場合において、我々は、「媒介項が存在するか」、また、「媒介項は何か」を探究していることになる。媒介項は原因なのであるが、すべての場合に、このようないみでの原因が探究されているからである。それでは、「いったい月は蝕を被るのか?」。この問は、「媒介項となる原因は存在するのか、否か?」を問うことである。ついで、何か［かかる媒介項となるもの］が存在すると知ったあとで、我々は、「それは何か?」と探究する。（*An.Post.* B2. 90a5-9）

以上の還元によって成った問の形式は、つまりは媒介項によって同定された事象を指示して、「これは何か?」と問うことに他ならない。この問いは、名辞が回答として与えられても、さらに今度はその名辞を問の焦点に据えて、例えば「月蝕とは何か?」と問う次元にまで展開する。「これ」として何かが指示されたときには、そこに指示された存在には、すでに本質は内含されている（cf. Z1. 1028a2-3）。事象はそれが指示された時点で存在に還元されるのであるが、原因の方も、そのとき同時に本質にまで還元されているのである。

このように見てくると、探究の端緒の課題は、何にも増して事象を指示して「これは何か?」というかたちに問の形式を整えることであることが分かる。(15) まさに、アリストテレスも言うように、「我々が事象を把握する仕方に応じて、本質に対処する態度も決まる」のである（B8. 93a28-29）。第二巻の冒頭に見られる問の形式の検討は、このように、日常の発想からなされる原因究明の問をかかる本質の問の形式に組織しなおすことを目論むものであった。

第二巻二章のこのような還元の方法を念頭に置いて第一巻二章の問題提起（知の二条件）に視点を戻すならば、今度ははっきりと具体的にその内容を決定することができる。事象が他様ではあり得ないと知るということは、事象の原因を知ることであるが、それは具体的には事象（何かXが何かYであること）を構成する両契機（XとY）を結合せしめる媒介項となるものを見出して、事象をそれに一元化せしめたかたちで知るということである。そして、このことが、つまりは事象を存在として確認し、その本質を知ったことになるのである。

ところで、媒介項とは、三段論法の推論に固有の概念であった。それゆえ、ここで媒介項の意味を文字通りに受け容れるならば、事象に媒介項となる原因を求めるということは、事象の記述を推論された結論であると見做した上で、その推論を導いた直接の前提命題を求めることと考えられる。それが獲得されたならば、経験的な事象の記述も、その限りにおいて他様ではあり得ない必然的な命題として受け容れられ、そのまま知識として認められることになるのである。

これは単なる経験的な記述を推論された結果として受け容れようというのであるから、単にそう言うだけでは一方的な要請にすぎないとされるかも知れない。しかし、実情は決してそうはならない。それは、推論ということが言われるときには、すでにその事象に関する一般的な法則は大前提として容認されているからである。つまり、何であれ記述された内容を推論された結果であると見做そうというときには、それと同時に、見做しの行為そのものの内に普遍的な法則命題は気付かれ、さらに採り容れられていて、事象の記述と同時に容認されるのである。これは、推論ということの定義上言わるべきことである。

いま事象に対して「これは何か？」と問う姿勢を整えることが探究の端緒をなすと論じたのであるが、このことも同趣に解釈される。「これは何か？」とは「これこれ然々の諸相が収斂する概念は何か？」の謂いであり、「何か？」と問われたときには、既にこれこれ然々の諸相は本質論の次元で問題視されている。つまり、このときには或る定義命題が同時に了解されているのである。

このような説明は、ただその意味を説くだけでは空疎にきこえる。一種の同語反復にしかならないかも知れない。しかし、形式的に捉えなおしてみるならば、このような場合も十分にあり得ることが分かる。形式的に見るならば、これは二つの命題が衝き合わされているということである。普段はこの二つの命題（事象の記述と定義）はそれぞれ別々に了解されているために、人は両方を知っていてもそれ以上の了解の展開は見られない。それは前節で『前書』第二巻二一章において見たとおりである。しかし、その両者が同時に衝き合わされたならば（συνθεωρῶν cf. 67a37）、その時点で即座に小前提は演繹され、媒介項は捉えられる。この衝き合わせが、すべてである。いま述べた本質論的方法（見做しの行為と「何か？」の問）は、この衝き合わせを行おうということである。

そこで結論的に言えば、以上の過程が、事象の記述が原因究明の途上においてさらに高次の説明原理に基づいて論証されたということである。論証は、事実上は、推定の演繹の形式でなされる。内容的には、これは結果から原因を推定する課題に応えるものである。しかし問の行為全体が本質論的な領域に変換されてなされているために、この推定の演繹の形式は、経験の制約（原因が知られていない、つまり小前提が容認されていないという制約）の下で止むを得ずに採られた形式として、それが前提している Barbara の推論の一変形として評価されるのである。ここには、原因究明の結果がそのまま本質論的な知識の成立になっているという、言うなれば経験と論理とが経験の制約の上に成るがその論理によって初めて経験は本質として成立するという意味において相補的に関係し合う特筆さるべき状況が拓かれている。

これを念のためにアリストテレスの挙げる例で確認しておこう。事象の記述は、たとえば、

①「葡萄の樹は落葉する」

というかたちでなされる。これは必然的な命題ではない。しかし、①に対する原因究明を、本質論的に「葡萄の葉が散ることの内に潜在する必然性は何か？」という本質の問に変換して行う視座を確立すれば、それは①を推論された結果と見做そうとする意図の下になされているのであるから、その視座を採るということの内に、①とは全く別に一般的な法則として認められている

②「広葉樹は落葉する」

という一般命題も容認されるのである。(16)

本質論的な視座の下では、①と②は同時に衝き合わされる。すると、ただちに、

③「葡萄は広葉樹である」

という命題が演繹され、葡萄の葉が散っているという事象には広葉樹という存在が浮かび上がる。この演繹は、定義上、②が容認されると同時になされる。これは、すなわち、一節で論じた推定の演繹である。ここでも、②は定義命題たり得る故に、この演繹は妥当である。この演繹は②と③とから①を導くBarbaraの推論がなされたのと同価である。つまり、①はBarbaraの推論によって、帰納的に論証されたのである。原因究明の視点から言えば、広葉樹であることが葡萄の葉が落ちることの原因である。しかし、ここに言う原因は自然学的に発見される原因ではなくて、①を②の全称例化として解釈する概念的な契機である。これが、原因が本質論的に解釈されたとされる所以である。

この時さらに広葉樹であればどうして落葉の原因となるのかと問い進めるならば、さらなる原因の認識の深化がなされるであろう。しかし、その原因も、その段階において新たに思いつかれた既知の了解事項を大前提として容認して、いまと同じ形式で演繹される。この場合の大前提は、例えば、

④「葉柄で樹液が凍結する樹木は落葉する」

である。②が④の下に位置づけられると、それと同時に、

⑤「広葉樹は葉柄で樹液が凍結する」

という命題が演繹される。「樹液の凍結」は広葉樹が落葉することの原因を導く媒介項である。

しかるに、もともとは葡萄の樹について考察がなされていたのだから、それについて「凍結」を考えるなら、①を④の下に位置づければよい。そうすると、両者から、

⑥「葡萄の樹は葉柄で樹液が凍結する」

という命題が演繹される。「樹液の凍結」は葡萄の樹の落葉の原因であると知られる。この場合、「広葉樹」が形態学的な具体的な原因であるのに対して、「樹液の凍結」はその内部の構造を示す一段階抽象の度の進んだ説明である。[17]

この原因究明の過程で、①は③を、さらには⑤を原理として論証されたのである。このように、実際の思考がそのまま論証の過程として承認されるところが重要なのである。実際の思考の展開が妥当な演繹の形式をとっているということが、そのための条件となっているのである。

第三節　「力の概念」

最後に、やや異なった視点から、二三思いつくことを付記して、本章の結びとしたい。

本章で論じた推定の演繹なるものは、実は、C・S・パースが還元法（abduction）として提唱している演繹の形式である。パースは、ありきたりの演繹法（Barbara の推論）と帰納法の二分法に対して、帰納法が実際の探究の場面で適用される第三の形式として、帰納法と密接に関係づけて説いている。[18]一般化して言えば、それは事象の実証データを解釈する可能的なパターンを探る過程、即ち法則の新たな発見の過程の形式である。その見事な応用例は、N・R・ハンソンの分析するケプラーの楕円軌道の発見の過程に認められる。[19]ケプラーは師ティコの遺したおびただしい火星の軌道に関するデータを解釈するにあたって、軌道を楕円であると仮定すれば、無視しうる誤差で実証データを計算しうることに気づく。この楕円に気づくという一点に注目して（気づくと言ってもそれまで十余年の試行錯誤があったのであるが）、ハンソンはその形式を retroduction と規定している。その目で見れば、アリストテレス自身にもそのような問題関心は認められる。『前書』第二巻二三章の帰納法の定式化[20]や二五章の還元法への注目がそれである。

このような脈絡から見るならば、推定の演繹においてせっかくそのような応用力に富んだ方法を見出しておきながら、それを論証という限定された一領域に閉じ込めてしまうのでは意味がないと思われるかも知れない。しかし、実際には、そうではない。このような発見の論理は、個別科学の立場からすれば重要なのかも知れないが（しかし、本当に？）、哲学上は、以上いま指摘しただけで、もう話は尽きている。それは、「想起」で十分なのである。

反対に、個別科学の知識においても、その最も原理的な場面では、媒介項の把握ということは、単に発見の論理という意味においてではなく、いま論じてきた論証の形式において重要な意味をもつと考えられる。たとえばM・ヤンマーは、力の概念の意味を説いて、次のように言う。

現代の物理学における力の概念は、伝統的三段論法におけるいわゆる媒概念に匹敵する方法論的役割を果たしている。「ソクラテスは死を免れない」ことを示すために、媒概念として「人間」を導入し、二つの前提を述べる。すなわち、（1）「すべての人間は死を免れない」、（2）「ソクラテスは人間である」。ここで、最終結論は、「ソクラテスは死を免れない」であり、媒概念の「人間」は欠落する。同様にして、ある物体Aが、ある一つの軌跡B上を、重力を持っていたり電気的に荷電していたり磁化していたり等々の物体C・D……の一定の配列で囲まれているときの二つの前提を述べると、（1）「配列C・D……等々は力Fを生ずる」、（2）「その力Fは（運動法則に従って）物体Aをして軌跡B上を動かす」。ここで最終結論は「C・D

……等々によって囲まれた物体Aは、ある一定の状況の下で軌道Bに沿って動く」ということであり、媒概念の「力」は再び消去されてしまう。(21)

つまり、媒概念の「力」は、「力の概念について主な長所は、運動が関連している特殊な物理的状況には関連なくこれらの運動の一般法則をわれわれが議論できるということである」と説明されるように、実際の事象にはどこにも現れないけれども、それにもかかわらず法則に従う事象を一語で一義的に把握するための概念である。それは、Bの記述を「何か?」と問うときに現れる概念である。ヤンマーはこれを「唯名論的」と言うがこれは多分に誤解を招きやすい評定である。唯名論的と言ってもそれは「力」という名前に対してのみ言われることであって配列C・D……(Xと記名)の間にある一般的な関係が実在することを否定するものではない(ヤンマーはその関係をAの質量mと加速度αの積がXの一価の関数φ(x)になっていることであると言う。すなわち、mα = φ(x)である。F = mαとされる力Fとはこのmαに対する名前にすぎないというわけである)。この関係は、例えば『メノン』の例に示される、先に掲げた図形を支配する関係に対応するものであり、Bの原因として「力」が見出されたということは、かの図形の中に、問題のルート2の長さが対角線において「あたかも再認識するがごとくに」見出されたということに相当する。このような「力」を問題にするということが結局はBの記述を当の一般的な関係に帰着せしめる媒介項の探究によるものであるとするならば、アリストテレスの論証の思想は現代の理論科学においても、その最も原理的な局面で働いていることが見て取られるのである。

註

（1）W. D. Ross, *Aristotle's Prior and Posterior Analytics*, Oxford, 1949, pp.481-85, 506.

（2）Th. Heath, *Mathmatics in Aristotle*, Oxford, 1949, pp.37-38

（3）今井知正はこの点を大いに「奇妙」として、新たな解決策を提案している（「二つの解決策、または提案」、『理想』一九七九年九月、九五—一〇七ページ）。今井はロスの解釈を全面的に斥けて、「〔教師が、あるいは学習者が〕予めもっている可能態における全体の知識を現実活動させ、それを演繹の出発点に着かせる」としている。しかし、これだけでは、肝心要のἅμαの意味がほとんど生かされない。「奇妙さ」を素直に受け容れてせっかく立てた問題提起はむしろ反らされてしまう。また、文脈的に見て同趣の言い換えと解釈されるἅμα λαμβάνοντα τὴν γνῶσιν（71a18）とἅμα ἐπαγόμενος（71a20）を別様に訳しわけるのは、どう見ても不自然である。

（4）Barnes, ibid., p.93.

（5）このπερὶ λόγουςなる一句は、文脈上、当面の議論が弁証論的な議論であることの断りである。諸家も、私が見るかぎり、すべてそのように受け取っている。周知のように、アリストテレスにあっては、弁証論は通念ἔνδοξαから成る推論であって絶対的に確実な前提からなされる論証からは区別される（*Topica* A1. 100a25-b23）。しかし、私は、それならばそれをさらに一般化して、ここに言う議論は具体的な探究における種々の場面で試行錯誤的になされる議論一般も含めて解することができると考える。

（6）帰納法のこのような性格は、『後書』第二巻十九章の解釈として、第五章で論ずる。なお本章註（20）参照。

（7）Barnes, p.93.

（8）これを補うのは大きな問題となろうが、個々の三角形が存在しないとなると話にならないので、ひとまず常識的に認められるであろう。岩波旧版『アリストテレス全集』第一巻注釈参照（五四六頁）。ロスも、問題のパラグラフ（67a8-21）を、個々のCについてBであると知ることの欠落に関するものとしている（Ross, *ibid*., pp.473-74）。

（9）Ross, *ibid*., p.476.

（10）たとえばベッカー版のインデックスにおいては、logicae λαμβάνειν, syn. αἰτεῖσθαι, ὑποθέσθαι, dist. δείκνυναι とされている。

（11） λαμβάνω が論理的な帰結に関して言われるのは、τὸ ἐνδεχόμενον（許容様相）が συμπέρασμα（結論）において λαμβάνω される、という表現においてのみである（*An. Pri.* A16 35b33,A17 36b33,A20 39a11, etc.）。

（12） この点を初めてはっきりと指摘したのは、エンゲベルグ＝ペデルセン（T. Engberg=Pedersen 以下 E-P.）である（More on Aristotelian Epagoge, *Phronesis* 24 vol. 3, 1979, pp.301-19）。E-P. は 71a17-18 の ἅμα λαμβάνοντα τὴν γνῶσιν も同じ趣旨で解している。ただし、E-P. は、この演繹をそこに含まれる帰納の意味とは直接的に関係しないとして、being led to see some paeticular point（cf. Met. A8. 1089a33）の意味に過ぎないとしている。彼はこれを pre-technical な用法として、他の ἐπαγωγή の分析の際には脇に置かるべきだとしている (p.305)。また、『前書』第二巻の 67a22-24 との照合においても、例の演繹の順序の食い違いを指摘するに過ぎない。優れた着眼であるだけに、全体的な見通しの欠落は惜しまれる。なお、E-P. のこの論文を批判したアプトンの論文（Th.von Upton, A Note on Aristotelean Epagoge, *Phronesis* 26 vol.2, 1981, pp.172-76）においても、この演繹の形式に対する言及は全くなされていない。

（13） A・C・ロイドは「事象が多様では在り得ない」とする従来の解釈を implausible であるとして、事象 τὸ πρᾶγμα ととられた τοῦτο を（一）の原因 τὴν αἰτίαν ととることを提唱している（A. C. Lloyd, *Necessity and Essence in Aristotle's Posterior Analytics*, 1978, 8th Symposium Aristotelicum）。ロイドの趣旨は、『後書』第一巻の最初の六章の主題をそのような原因にかかわる前提命題（ロイドの言葉では explance）の様々な性格づけの内で特に必然性を強調しようとするものであり、ただちには納得できない。次章で主題的に論ずるが、『後書』の最初の主題は自体性であると考えるからである。また、本文にも示してように、必然性は直接的には『後書』の主題たりえないと思う。なお、ロイドのこの論考については、加藤信朗の好意的な紹介がある（「『分析論後書』における普遍（καθόλου）の把握」について」注（10）、『哲学雑誌』第九三巻七六五号、一九七八年）。

（14） 当箇所（引用（E））については、千葉恵も主著『アリストテレスと形而上学の可能性』の中心部で取り上げて検討しているが、説明に要領が得られないので、当箇所の本質論上の重要性がうまく伝わらない（「4.4 論証言語による発見知の把握」）。千葉もせっかく「事象―原因」（千葉の用語では「事実―理由」）と「存在―本質」（同じく「存在―何であるか」）という形而上学的連関に思いを馳せたのだから、ここは、「事象―原因」の自然学的連関を当面の追求の焦点である媒介項に一元化して、「存在―本質」の存在論的連関に変換したと言い切ってほしい処である。さらに通常の用語法では「原因」と言うべき処に敢えて（？）「理由」を充てている点にも大きな疑問が残る（たとえ「事象」ならぬ「事実」に対してであるにしても）。これらの用語法の違いが氏の標榜する「発見的探求論」からの了解であるとするならば、本論の関知する処ではない。
(15) Cf. Kosman, ibid., p.376.
(16) これを論理的に表現すれば、(1)から(2)への全称汎化を行ったということになろう。それゆえ、正確には、(1)はある外延にわたる任意不定性において捉えられたものであると言うべきだろう。事象の本質への還元は、実は、任意不定性において事象を捉えた結果であったと言えよう。これも主題的に論ずべき論点であるが、本章の主題の範囲を超えるので注記するにとどめる。
(17)「落葉」の例は、『後書』第二巻十六章と十七章に認められる。この定式化は十七章の叙述に従ったものである(99a29)。もっとも、アリストテレスは、葉が広いと太陽熱を遮るから水分が凝結しやすいと考えてか、十六章では「広葉」を「落葉」よりも高次の原因と考えているようである(98b4)。その場合には(2)と(4)を入れ替えなければならないが、それでも趣旨に変わりは無い。
(18) C・S・パース「人間記号論の試み」(原題 *Some Consequences of Four Incapacities*, 1868)、上山俊平編『世界の名著』第四八巻所収、一三五―三九ページ。さらに、米盛裕二『パースの記号学』(勁草書房、一九八一年、改訂版二〇一二年)に詳しい論評がある(一七三―二〇〇ページ)。推定の演繹を帰納法に関係づけて論証の必須の契機としている点は大いに参考になる。
(19) N・R・ハンソン『科学理論はいかに生まれるか』村上陽一郎訳、講談社、一九七一年、第四章。
(20) ここでなされた定式は、事象の記述(C)を媒介項として、推論の結論と小前提から大前提を演繹するものである。即ち、C–A、C–B→B–A。アリストテレスはこの演繹の妥当性のために、C–Bは同延的でなければならないとする。この点に、アリストテレスが本質論的な視座から帰納法を考えていたことが分かる。
(21) M・ヤンマー『力の概念』高橋毅・大内義彦訳、講談社、一九七九年、二四一ページ。

第二章　自体的属性の論理
――『分析論後書』第一巻四章・二巻十章――

アリストテレスの論証知に関する基本的な思想によれば、論証知とは絶対的に確実な原理に基づいて実在を言語の中に映し換える試みである。論証により実在世界は言語の中に映し換えられて、我々に知られることになるのである。ここには、実在論に対するほとんど絶対的と言ってもよいほどの確信がある。実在論に依れば、事は少なくとも知識の問題に関するかぎりきわめて単純化されるかに見える。

しかし、それでも、ここに言う絶対的に確実な原理とはいかなるものを言うのかと改めて問うてみるならば、事はそれほど単純ではない。確かにここには、矛盾律や排中律のような「あらゆる論証がそれに基づいて論証を行う共通想念」(*Met.* B2 996a28) のごとき形式的な原理も考えられてはいる(『後書』では「共通原理」A10. 76a38,41；A32. 88a36-b1、もしくは「公理」A7. 75a41-42; A10. 76b14)。だが、論証の構造を主題的に検討する『後書』においては、原理も、論証がなされる領域として類がまず措定された上で(A7. 75a42-b1; A10. 76b12-13)、その類に固有の原理として議論されるのである。アリストテレスが原理に関して執拗な追求の手を緩めないのも、このような原理が主題に据えられているからである。

類を措定した上で論証された知識体系の在り方を考えるなら、このようにして成った類ごとの体系は個別科学の体系として承認されることが、まず考えられるであろう。この場合、論証の形式の検討は、現代流に言えば個別科学の成立根拠を問う試みにもなろう。これは、論証の問題の一つの大きな展開の方向である。

しかし、類の思想はさらにデリケイトな思考状況を拓くものである。最も一般的な視野に立てば類は個別科学の領域を限定するものとなるが、実際には、類はそれぞれの抽象の段階に応じて、言うなれば相対的に決まるとも言えるのである。そして、アリストテレスは、そのような類の思想に積極的に乗りかかっている。『後書』では至る処で個々の日常的な自然の事象の原因を尋ねる素直な問題関心が示されているが、そのような素直な問もこのような類の思想に依拠することによって初めて本質論の一環に採り込まれるからである。これを一般化して言えば、このような類の思想に乗りかかるということは、自然の事象をそれぞれの段階に応じて知の形式に映し換えようとする方法論的な意向の現れである。

実際、『後書』においては、想定される原理はいわば個々の事象の記述のすべての場面に拡散している。それは、自然の事象のそれぞれの場面における一般的な命題である。アリストテレスは、その一般的な命題を個々の事象の記述が本質に還元される際の必要条件として採り入れているのだ。

論証知のこのような一般的な構造は、既に第一章で詳細に論じた。本章では、そのような一般的な構造の下で、原理命題として据えられる具体的な一般命題がいかなる在り方をするかを考察しよう。

第一節　自体性の概念

論証の前提命題の条件に関しては、『後書』第一巻四章において、次の三つが挙げられている。アリストテレスの省略語法を適度に補って提示すれば、その三者は、

（１）問題になっている事象すべてにわたって述語されるものであること（全称性）、
（２）問題になっている事象に自体的（カタ・ハウトに）に述語されるものであること（自体性）、
（３）普遍的に述語されるものであること（普遍性）、

とまとめられよう（A4. 73a25-27）。このように見てみると、この三条件はかなり重複して入り組んでいることが分かる。これらを統一的に理解するには、一定の理論的な視座の確定が要求される。

そのための一助として、第二章の最初の問題提起にまで立ち戻って、問題点を確認しよう。第二章では、前提条件は無媒介的（アメソス）でなければならないとされている（A2. 71b21）。四章の三条件は、この無媒介的ということの具体的な性格づけであると思われる。

ここに言う無媒介的とは、命題の主語と述語の結合関係に関して言われるもので、主述の結合を説明する別の第三者的な概念の無いことの謂いである。ある命題を論証するということが、その命題の主語と述語の結合の関係を、その間に主述の両者に関係する別の概念を挿入することによって、さらに根源的とされる結合の組み合わせとして説明することであるならば、このような無媒介性は、それがいかなるものであるかは別として、その事態がそれ以上の論証を拒否する在り方の存在であるとして、定義上保障されていなければならないのである。

最初の問題提起をこのように押さえた上で四章における述語の性格づけを見ると、重要な鍵は「自体的に述語される」ということであることが分かる。このような述語づけこそ無媒介的な関係の第一の条件であると思われるからである。この視点から見ると、普遍的とはいまも見たように自体的が規定された上で明らかにされるものであるし、また、全称的とは普遍的の一部に吸収されることが見て取られるからである。

自体的に述語されるということについては、アリストテレスは四種に分けて説いている。当面ここで問題になるのは、最初の二つである。

（A）自体的なモノというのは、（1）〔当のモノに〕その本質がその本質の内において在るような属性。たとえば、三角形における線や線における点。何故なら、当のモノの実体はこれらから成ってをり、〔これら線や点は〕その本質を述べる定義の内に内含されるからである。また、（2）当のモノが、当のモノにおいて在る属性の何であるかを明らかにする定義の内に内含されているような場合における属性。たとえば、「直（線）」や「曲（線）」が線において在る場合。また、「奇（数）」や「偶（数）」が、さらには「素（数）」や「合成（数）」や「長方（数）」が数において在る場合。（A4. 73a34-b1）

この両者は表現が非常に紛らわしいが、内含関係が逆になっていることに注目すれば、一応形式的に整理されよう。J・バーンズはこの説明をエレガンスでないとして思い切って単純化して、対称的な定式を与えている。[1]それによれば、この二つの場合というのは、AがBに対して述語となるときに、（I）AがBの定義の内に現れるか、（II）BがAの定義の内に現れるか、によって区別されるだけである。そして、どちらの場合においても、AはBに対して自体的に述語されるとされるのである。

バーンズの定式は単純化のしすぎのきらいもあるが、このように押さえると、自体性に関する当面の問題点もはっきりしてくる。定義ということを基軸にして考えれば、普通の発想によるものは当然（1）の方であろう。定義とはモノ（正確にはモノを名指しする名前）に関してその本質を明らかにするものであるからである。このような例として最も素直に思い浮かぶものは、バーンズも言うように、『形而上学』Δ巻十八章の「カリアスは彼自身として人間である」（1022a27）や、Z巻四章の「人間はそれ自体として動物である」（1029b15）というものであろう（バーンズはここを典拠にして（Ⅰ）はカント的な意味で分析的な命題であると言う）。『後書』におけるこの形式の例は、「三角形はそれ自体として二直角に等しい内角をもつ」（73b31-32）である。最も『後書』においては、先の引用にも見られるように、まず挙げられる例は三角形における線であり、線における点というような言わば構成要素の側面である。例から窺われる位相差は少なからぬこだわりにはなるが、いまはとりあえずそれらをも含めて、(2)（Ⅰ）は通常語られるモノの本質規定を念頭に置いたものと解して、先に進むことにしよう。（Ⅰ）の発想がともかくも明快であるのに比べて、（Ⅱ）はその表現からして晦渋である。バーンズのように単純化すればかえってその変則的な措置が目立つであろう。しかし、実は、その変則性が重要なのである。この属性がいかなるものであるかを明らかにすることが、当面の最初の課題である。

もっともアリストテレス自身にとっては、このような発想はごく自然なものであったと勘考される。（Ⅰ）と（Ⅱ）の対比は属性を特に付帯性として論ずる第一巻二二章では当然のこととして出されているし（A22. 84a11-17）、すぐあとの六章においても確認されている（A6. 74b7-10）。また、次の例はそれぞれ別の文脈であるが、全面的に同じ趣旨として了解されよう。

（B）さらに、属性が第一の〔属性に最も近い〕基体あるいはそういった基体の何らかの部分の内に受け容れられる場合に〔自体的な属性と言われる〕。たとえば、「表面がそれ自体として白い」とか、「人が彼自身として生きている」と言われる場合。後者の場合は、魂が生きている人の部分であるが、生きているということがその魂の内において、しかもその魂の第一の〔つまり魂の属性に最も近い〕状態である限りにおいて

そうであるような場合である。(*Met.* Δ. 18. 1022a29-32)

(C)凹性にせよシモン性にせよそれは鼻の属性なのであるが、それは付帯的にではなく、自体的にそうなのである。〔中略〕それは雄であることが動物にとって、等しくあることが量にとって、自体的にあると言われる如くにある。これらは、その内に、当のモノの概念もしくは名前が含まれるような属性なのであり、当のモノを離れては明らかにされ得ない属性なのである(*Met.* Z5.1030b16-20)。

これらの例で想定されている属性は、いわゆる質料的な属性である。それは、その属性がそこにおいて在る当のモノ(基体)を離れては在り得ない属性である。他と離れて在り得るとしても、初めの基体との関係を前提してのみ説明される。たとえば、顔色の白さも、表面の白さを前提して初めて言えるという意味において、やはり初めに言われた基体である表面との関係に依拠しているのである。自体性のこのような性格を、C・カーウォンは概念的に導入された新しい意味におけるものとしている(3)。

この属性は(1)と対比するならば、本質の内には認められない属性、定義を構成しえない属性である(基体の「何であるか?」を直接に示すかたちで現れるのではない故に)。しかし、それでも、この属性は、実際問題として、自然の事象を記述する際には無視するわけには行かぬ属性である。アリストテレスは、論証の問題を考えるに際して特にそのような属性に注目して、論証の条件たるべく、自体性として性格づけているのである。

このような属性として具体的に想定されるものは、『トピカ』に見られる固有性 ἴδιον である。固有性は、定義、類、付帯性と並んで述語づけの四つの内容の一つとして出されているもので(*Top.* A5. 101b37)、次のように規定されている。

（D）固有性は、本質を明らかにするものではないが、その当のモノだけにあり、かつ、その当のモノと主述を入れ替えても〔同じ意味で〕述語されるようなものである。（*Top.* A5. 102a18-19）

固有性の内でも、とくに自体的という限定の下に想定されているものもある。

（E）自体的な固有性とは、他のすべてのものとの比較対照の上で与えられるものであり、その当のモノをあらゆる他のものから切り離すものである。知識を受け容れうる可能的な動物というのが人間の固有性であるというようなものである。（*Top.* E1. 128b34-36）

さらにその例として「表面の固有性は、それが色づけられた第一のものであるということである」（129b18-19, cf.131b33-34,134a21-25,b12-13,138a15-19）という了解が再三にわたって強調されている。また、「動物の固有性は生きるということである」（136a25-27, 138a11-12, a27-29）ということも、基本了解事項のように挙げられている。これらの例の採り方や述べ方（特に第一義性）には、明らかに（Ⅱ）の形式を思わせるものがある（cf. 129b18-19）。

ところが、固有性は、肝心の『後書』においては、すぐ前の第三章では、その内容を主述の全称のままの換位可能性（仮に同延性と呼んでおく）と規定された上で、そのような述語はごくわずかしかないと冷淡に扱われている（A3. 73a16-18）。バーンズは、その主張を糸口にして、自体的属性は固有性ではないことを証明までしている。(4)

バーンズは更に、先に注記した訳注書では、『後書』の他の例（葡萄の樹における落葉）から、（Ⅱ）の自体性は固有性ではないと断っている。さらにまた、第二巻四章においては、固有性を同延性としてのみ捉えれば、それはその当のモノだけにある性質であり、初めから前提命題の内に了解されていたものであるから（B4 91a15-26）、わざわざ論証して了解するには及ばないと疑問を投げかけている。このように見てくると、（Ⅱ）の自体性の内容として固有性を充てることは、ただちには了承され難いようにも思われてくる。

しかし、私は、その疑問点はうまく切り抜けられると思う。第二巻四章の議論は定義は論証されないのではないのかと問題を立てる弁証論であるし（それゆえ一種の試論と見做し得よう）、第一巻三章の疑問も、論証は循環的にはなされ得ないとする議論の脈絡で考えるなら、何ら反例にはならないからである。バーンズの批判はそこを一つの典拠とするもので、固有性を特徴づける同延性は自体的付帯性としては認められないとするものであるが、それは固有性を同延性としてのみ厳しく限定することから来るもので、かえって自らの首を絞めかねない結果を招いている。

バーンズの見解に対しては、ハドゴプロスが批判し、同じ形式で逆に自体的属性が固有性とされることを証明している。(5) その趣旨は自体性に同延性を認める可能性を探るものであるから以下の本章の方向に沿うものではないが、自体性ということの内に固有性の意味を回復せしめている点は注目に値する。彼の典拠は、『形而上学』Δ巻十八章の自体性の第五義である。彼の読み方に従ってテキストを読めば、次のようになる。

（F）さらに、その当の基体にだけ認められ、その限りにおいてのみ認められる属性は、そのためにあらゆる他のモノから切り離されるのであるから、当の基体に自体的である。(1022a34-35)[6]

カーウォンはこの規定を、内角の和が二直角であることは三角形にとってその本質の内にあるのではないが自体的にあるとする同巻末尾の例（1025a34-5）を説明するために特別に設けた一項であると説いている。[7]そうすれば、この第五義は、当然いま問題になっている（Ⅱ）の自体性に重なることが推測される。このように、特定の基体の固有の状態を示す属性が固有性なのであり、それがまた特に自体的に述語されると考えられるのである。

そこで思うに、『後書』で固有性が冷淡に扱われているのは、同延性の故ではなくて、むしろ固有性そのものの概念の曖昧さによるものであろう。固有ということを言うだけでは、何に固有なのか明らかでなく、取りようによっては正反対の意味にもなるからである（基体に固有な状態と主語に固有な性質）。自体性を二つに分けて論じているのは、このような曖昧さを避ける手法とも思われる。それにもかかわらずここで私が固有性の概念に訴えたのは、その概念を使うことによって、ここで基体に固有な状態が問われていることを確認することができると見たからである。基体に固有の状態とは、自体性の規定に比べるならば確かに素朴すぎる設定であるが、それだけに訴える処は大きいと思う。ここに言う基体がいかなるものかは未だ明らかではなく、ここで言えるのはそれが具体的な個体ではないということだけである（個体なら固有性は本質に吸収される）。

さて、以上の考証の上に『後書』第一巻四章の叙述に目を戻して考えよう。ここにおいては、例はまた少し異なった意想に基づいているかにも見える。ここにおいて挙げられる例は、相反する性質の対（直と曲、偶と奇）

である。それは、単に例示されるだけではなく、すぐ後では「相反する性質（アンティケイメナ）」（73b19）と要約されている。先にも雌雄が例示されていたので特に異質な思考の脈絡にあるというわけではないが、ここではその側面が特に注目されているのである。これは何を意味するのか。

これについては、私は、それらが特に一対をなすかぎりにおいて評価されているだけではなくて、一対をなすということが述定において当のもののすべてを尽くす限りにおいて評価されていると考える。その論拠は、『後書』の例として、相反する一対と並んで「同じ類における欠如態」（73b21-22）という言い方がなされているということである。欠如態の発想を採り入れて言えば、たとえば「白」は「非白」と一対をなすならば、表面に認められる述定のすべての場合を尽くすと言えよう。けだし、表面には必ず何らかの色があり、また色は表面を離れてはありえないとされるからである。

それでは、しかし、このような属性の捉え方は、初めになされた「属性の定義の内に当のモノが含まれる」という規定とどのように関係するのであろうか。『形而上学』の例から判断するかぎり、この規定はその属性が当の基体を離れては在り得ないことを表現していると解釈されよう。それは当の基体にのみ認められる固有の属性の表現なのである。そこで、当面の問題は、固有の属性がこのように相反する一対として捉えられたとき、固有の属性の定義の内に現れる当の基体はどのように性格づけられるかというかたちに具体化される。

この問題を具体的に見るために、実際にそれら固有の属性を定義してみよう。たとえば、「偶（数）は2で割り切れる数である」、「雌は子を産む動物である」、「白はすべての光を反射する表面である」。すると、ただちに、次のことがはっきりと見てとられよう。これらの例において、「数」、「動物」、「表面」は確かに定義の成句の中に現れてはいるが、それ以上に特徴的なこととして、それらは類種の定義の類の位置を占めている、と。そして、実際に、これらは類として機能している。それは、被定義項が欠如態と合わせるとこれらのすべての場合を尽くすかたちで採られた属性なるが故に、定義項の分割肢の一項になっているためである。つまり、属性が相反する一対として認められるということは、その定義が当の基体を類とする類種の定義に擬せられる条件となっているということになるのである。

別の言い方をすれば、属性を相反する一対として認めるということは、その属性の質料に対する固有の性格を、概念上、類に対する固有性として捉え直すということである。そのような捉え直しがなされたが故に、当のモノも、質料的な性格のままに、定義の中に現れることができるのである。

あるいは、これは、（Ⅱ）の自体的属性を（Ⅰ）の形式に還元することであるから、（Ⅰ）と（Ⅱ）の区別を認めなくすることであると思われるかも知れない。しかし、もちろん、実際はそうではない。(8) それは、固有性を本質に一元化することではなくて、固有性の内に本質に準ずる形式を認めるための手法である。これは、固有性を本質論的な視座から捉え直そうとする意図の現れなのである。

第一巻四章では続いて普遍性が語られるが、これは自体性に込められたこのような意図を補完し、確認するものであろう。普遍性は、さきにも触れたように、既に説かれた全称性と自体性とに「それ自体である限りにおいて」という条件が加わって、三者の連言として表現されている。ここに新しく加えられた「それ自体である限りにおいて」という条件には、また独特な意図が認められる。

アリストテレスの挙げる例によれば、二直角に等しい内角の和をもつのは、それがたとえ二等辺三角形について言われたにしても、二等辺三角形である限りにおいて言われたのではなくて、三角形である限りにおいて言われたのである（A4. 73b31, b38-74a1, cf. A5. 74a16-17）。つまり、二直角ということが普遍的に述語されるためには、当の対象は三角形にまで一般化されていなければならないのである。

この例から考察すれば、「それ自体である限りにおいて」という条件は、述語が普遍的になされるための主語の方の条件であることがはっきりと分かる。アリストテレスはこの条件を自体的ということと同じであるとしているが、それは内容が同じであることを確認したまでで、ここでは視座が転換されて、思考の段階が一段階進められているという事実を見逃してはならない。内実は自体性として同じであるにしても、ここでは視線は主語の方に向きを換えられて、属性が自体的に述語されるための主語の方の条件（主語の採り方）が問われているのである。つまり、ここでは、属性が自体的に述語されるには基体をいかに一般化して主語として設定すればよいかという問題が正面から問われているのである。

普遍性を特徴づけるこのような一般性を、アリストテレスは改めて第一義性とも呼んでいる（A4. 73b39-40; A5. 75a36-b4, B17.99a33-35, etc.）。繰り返し確認するが、第一義的に存在するとされるのは属性に対する当のモノ（主語）の方である。そのいみでは、それは最も一般的な最高次の存在を匂わすものではある。しかし、ここでは、第一の存在はあくまでも属性に対する限りにおいて考えられているということを忘れてはならない（それは πρῶτον なる語が常に基体と同格で表現されていることからも明らかである）。

さきに引用した『形而上学』Δ巻十八章の例では、このような第一義性は属性に最も近い基体の在り方であった（cf.*Phy.* B1. 192b21-22）。「白」に対する「表面」は「白」に対する「身体（皮膚）」よりも「白」に対しては近い関係にあり、いわば他の種類の述語が入る余地がなく（あるとすれば付帯的なかたちでしか考えられない）、それゆえに「白」は「表面」の自体的な述語とされたのであった。この素朴に過ぎる説明も、いまこれを普遍性の概念の下に捉え直すならば、その意味はさらに正確に表現されよう。表面は白に対しては白以外の属性が認められない（認められるとすれば付帯的にのみ）ように最も一般的に採られた基体であるがために、「白」は「表面」について自体的に述語されるのである。

このような基体は、属性が定義される際には、形式上は類的な意味を持つであろう。さきには（Ⅱ）の属性の定義において基体が類的な位置を占めていると見たのであるが、普遍性に関する議論は、基体の一般性に示唆されるままに、さきの問題、つまり属性が相反する性質の一対として採られていることの意味を問う問題に連なるのである。さきには（Ⅱ）の属性が（Ⅰ）の自体性に準じた形式を採る可能性を探って「相反する性質の一対」という在り方を獲た。普遍性の議論においては、同じ問題提起のもとに、主語の方の条件が探り出されるのである。自体性の内容を改めて普遍性として確認する裏には、主語となる基体（問題対象）をどの段階で採れば類的な意味を担い得るかという問題提起が隠されていたのである。

このような主語の側における一般化は、自体的な属性のそれぞれに応じて、別々のかたちでなされる。普遍性の内容の規定は、その別々の在り方を示している。

まず、（Ⅰ）において主語に採られているモノは定義されうるもの（個体）であるが、この場合には定義されうる一つ一つの個体が問われているのではなくて、定義は論証がなされるための原理たるべく個体全体にわたって述語されるのでなければならない。普遍性の一契機として確認された全称性はこのような要請に応ずるものであろう。ここにおいて想定される一般的な実在は集合である。これを、仮に、実体の場合と呼んでおこう。

それに対して、（Ⅱ）の述語の基体は、いまも論じたように、類的な意味を担い得るとして採られた質料的な状態である。この場合にも、述語付けは、そのような基体に固有な状態に一定の概念を充てることによってなされた（たとえばすべての光を反射する表面の状態に「白」を、2で割り切れるという数における固有の状態に対して「偶」を充てるように）。すると、述語される概念は、かかる状態の属性として解釈されよう。状態の属性とは奇妙な表現に見えるかも知れないが、これが敢えて（Ⅱ）という方式で自体性を想定した内実なのである。自体的な属性の定義は、属性がそれに自体的に述語される基体の状態に見られる構造を在りのままに示すものなのだから、そこにはたしかに（Ⅱ）に記されているように基体が不可欠の契機として含まれることになる。（Ⅰ）に対比するならば、これは属性の場合と呼ぶことができよう。これが、普遍性の規定の第三の場合である。

この場合には、同定されるものは、実体の場合とは違って一般的な状態である。そして、それは、概念の定義において普遍的な性質として現れている。このとき、名指しによる指示は、属性によってなされる。つまり、ここにおいては、一般的な状態という基体が属性の述定内容となっているのである。ここには、指示された個体が主語となって本質的な性質（自体性の（Ⅰ））が述定されるという実体の場合に認められる主述関係とは逆の主述関係が認められる。自体性の（Ⅱ）における変則的とみられた主述両項の採り方は、かかる事情を表現するものであったとは、いまも論じたとおりである。

ここで改めて提示した実体と属性の対比は、実は『カテゴリー論』第二章における「基体について述べられるがけっして基体の内に在るのではないもの」（1a20-1、実体の述語）と「基体の内に在るが基体について述べられることのないもの」（1a20-1、内属性の述語）の対比を考慮してまとめたものである。両者とも述語される際のされ方の違いとして対比されているのであるが、そのような視座からの対比はここ『後書』第一巻四章における二種の自体的な述語の対比に形式上対応すると考えられる。しかし、だからと言って『後書』第一巻四章の思想の脈絡が『カテゴリー論』第二章の思想の脈絡に一致すると言うのではない。内属性においてはその個的な在り方(「この白」)の成立の論理が問われるのに対して、属性は ὑπάρχειν という動詞で示されることからも分かるように、あくまでも述語される場面から問われるからである(次節)。属性は、アリストテレスにおける一般的な用語では、付帯性と呼ばれる。付帯性と言っても、ここで問題視されている付帯性は自体的付帯性である。本章で扱っているのは、この自体的付帯性である。

このような実体 vs 属性の思考の構図は、もちろん『後書』においてアリストテレスの採る処ではない。それは自体性の二義の説明に現れたデリケイトな表現の違いを理解するための準拠枠に過ぎない。しかし、このような視座から自体的属性を採り上げるならば、自然の個々の事象に即して論証を試みる『後書』の意図はかなり明確に伝わるのではないかと思う。自体的な述語も実体に対比されて属性というかたちで採り上げられるなら、単にいままでのような特定の例に限られることなく、事象全般にわたって広く一般的な視座から考察の対象とされるようになろうからである。このように、属性を定義するということは、単なる概念の意味規定にとどまらず、いわば存在論的な課題を含むものである。それは自然の事象の本質論的な記述の糸口をなすであろう。属性を定義するというごくありきたりの操作の内にこのような存在論的な課題を織り込んだことこそ、自体性の思想の要諦である。

それでは、そのような存在論的な問題提起は実際にはどのようになされたのであろうか。次にそれを『後書』における自然の事象の記述に即して、具体的に見て行くことにしよう。

第二節　論証と定義

自然の事象の記述に際してアリストテレスの好んで挙げる例は、月蝕と雷鳴と落葉である。これらの説明には、たしかに共通の形式が認められる。いまそれを明らかにするに当たって、月蝕の場合を採り上げて考えよう。

アリストテレスによれば、月蝕は地球が太陽と月の間に介在することを原因として生ずる。このように突き止められた原因を本質規定の形式で表現すれば、「月蝕とは地球の介在による月光の喪失である」と定義される（B2 90a15, etc.）。この説明は、きわめて明快である。

この明快さは、月蝕という自然の事象を物体が介在すると光線は遮られるという一般的な関係に帰着せしめていることによるものであろう。このような関係は、自然法則の原始的な形態と言うべきである。月蝕という自然の事象に認められる一定の状態は一般的な関係の結果として了解されるのである。

しかるに、本質論的な構成においては、かかる関係の結果を示す概念は、類として位置づけられる。このような関係は、また、三段論法の形式に当てはめられて、小項を大項に結び付ける際に媒介となる媒介項（中項）とされるのであるが、はっきりと類の概念で説明されることもある。

（G）〔問われている〕事象が同じ問題として扱われるのは、第一に同じ媒介項をもつ場合である。〔中略〕たとえば、何故に反響するかとか、何故に影が映るかとかという問題は、何故に虹がかかるかという問題と同じである。これらはすべて類としては同じ問題現象であり（何故ならすべて反射であるから）、種として異なっているのである。（B15. 98a24-29）。

一見まったく異なった事象が同一の関係に帰着せしめられるときにハッと思い当って了解が成るとは、我々も親しく経験する処であろう。かかる類となりうる関係が実在するからこそ、その類の下の個々の自然の事象はそれぞれの形式において存立することができるのである。アリストテレスは、かかる類的な実在への強い確信の上に、それを個々の事象の本質として認め、事象の諸相がそれに帰着せしめられる限りにおいて、諸相を自体的な属性としているのである。

しかし、実際には、月蝕の記述はこのように単純にのみなされるのではない。アリストテレスは、ここでも本質への還元を期して三段論法の推論の形式（Barbara）に全面的に従って、三項を「月（小項）―地球の介在（中項）―月蝕（大項）」と採る（B8. 93a29-33, etc.）。そして、かかる中項はほかならぬ大項の定義になっていると言う（ibid, cf. B17 99a25-26）。ここには何か意図する処があるように思われる。

通常の三段論法の理解によれば、中項は個々の事象に即して採られた小項の帰属を示す概念（種）であり、大項はその概念の意味規定（種差すなわち類を前提にして浮かび上がる固有の性質）である。このような意味づけは、いわゆる実体の場合に典型的に認められる。最も言い習わされた例は、「ソクラテス（当の或る人）―人間―可死性」である。この例との類推で考えれば、月蝕の場合にも、三項は当然「月〔における この欠損〕―月蝕―地球の介在」と採られることが期待される。しかるに、アリストテレスは、この場合に限って「月蝕―介在」の項関係を逆転させて、「介在―月蝕」の形式で捉えようとするのである。つまり、アリストテレスは、ある事象の同一のパターンが名前によって指示されて、さらにその名前の下にその意味が解明されるという自然な探究の過程を頑強に拒んでいるのである。これはどういうことであろうか。

ここで改めて思い浮かぶのは、初めに掲げた自体的属性の（Ⅱ）の規定である。項連関の関係の逆転は、ちょうど（Ⅱ）の逆転に対応する。このような敢えて言うところの変則的な措置を了解するには、月蝕ということで示されている具体的な諸相が（Ⅱ）の意味における自体的属性と考えられていると判断する以外には方途はない。そして、これは、実際にアリストテレス自身も明言する処である。

（H）月蝕が地球の介在の原因なのではなくて、逆に地球の介在が月蝕の原因であることは明らかである。それは、月蝕の定義の内に地球の介在が含まれていることから判明することである。したがって、地球の介在によって月蝕を知るのであって、月蝕から地球の介在を知るのではない。（B16. 98b21-24）

月蝕が地球の介在という位置関係の自体的属性であることを示すのはここ一箇所しかないが、だからと言ってこの了解は見過ごされてはならない。一般的に言って、月蝕、雷鳴、落葉と言った『後書』に登場する例は、さきにも指摘したように、『後書』の趣旨からして自体的属性なのである。それらが特にそれとして断られていないのは、むしろ当然に前提された事柄であったからであろう。いま挙げた月蝕の例に見られる構造は、アリストテレス自身による他の定義にもはっきりと見て取られるものである。たとえば、「雷鳴とは雲の中における火の消失〔に伴う音響〕である」（B8. 93b8）。「落葉とは葉柄における種子の樹液の凍結〔に伴う葉の枯死〕である」（B17. 99a28-29）。雷鳴や落葉という事象は火の消失や樹液の凍結という状態に必然的に伴う結果であり、それ故に、それぞれの概念は大項に採られて、その当の状態を示す中項によって説明されているのである。

さきの（Ⅱ）の規定においては、例は数学的実在をモデルにして考えられた。主語に採られる状態は、当の基体に固有の性質であり、それ故に属性は基体に対して自体的とされた。このようにいわば必然的とも言える強い限定は、月蝕においては、目に見えるサマが一定の関係に帰着せしめられるために認められるものである。自然の事象に関する記述は経験的になされるが、それもかかる一般的な関係に帰着せしめられる限りにおいて自体的とされるのである。ここでは関係概念に訴えることによって必然性が自体性というかたちで保障されている。

これらの事象は、アリストテレスにおいては通常は原因—結果のカテゴリーによって説明さるべきものである（但しそうは言っても近代的な因果性の概念によるものではなくて、アリストテレス固有の捉え方によるものである。アリストテレスにおいては原因は時間的に先行するものではなくて、結果と同時的である。原因と結果は一つの関係の二相に過ぎない。それをしも原因—結果のカテゴリーで説明するというのは概念の不正確な拡張として批判されるかも知れないが、ここではアリストテレス流の用語法によるとして積極的に扱う）。月蝕、雷鳴、落葉等の事象は、原因に必然的に伴う結果の状態として問題提起されているのである。それゆえ、それぞれの概念が自体的属性によって述語される局面では、原因—結果の実在する関係は、そのまま言語表現の中に持ち込まれるのである。つまり、そのような命題においては、主述の両項（中項と大項）は原因—結果の連関に対応して採られるのである。

それゆえ、月蝕なる概念は、月の特定の状態を言うものであっても、当然のことながら、月に対して自体的に述語されるものではない。月蝕は月の自体的属性ではないからである。月蝕が自体的な属性として述語されるのは、主語が地球の介在という一般的な位置関係として採られているかぎりにおいてである。月蝕は、さきの引用においても確認されるように、地球の介在という関係の自体的属性であるからである。

原因と結果の連関を、このように当の事象とその自体的属性の結合関係として捉え直して、中項と大項に割り当てたことこそ、原因を本質として言語表現の内に映し取ろうとする『後書』の狙いとする処である。この手法によって、「月蝕」はある特定の事象を指示する名辞でありながら、実体の名辞の場合と同じく定義が求められるようになる。述語する側の属性を主語に据えて定義しようという一見変則的な局面が、ここに正面に現れるのである。

それゆえ、原因—結果の連関をとくに本質論的に表現する必要のない処では、結果の自体的な在り方は原因の概念を使って素直に表現されるのである。『霊魂論』の次の一節は、その消息をはっきりと伝えている。——「見られるものは色である。色は、それ自体として（カタ・ハウトに）見られるものの表面にある。ここで「それ自体として」というのは、（ⅰ）〔見られるものの〕定義においてというのではなくて、（ⅱ）見られるもの自身の内に見られるということの原因があるという意味においてである。」（*De Ani.* B7.418a29-31）

ここにおいて、自体性の二義（ⅰ）と（ⅱ）が、本章において当初から問題視している（Ⅰ）と（Ⅱ）に対応し、その自然学的な表現であることは十分に推測されよう。(9)

この構造をさらに理論的に明らかにするために、三項の項連関を述語付けの関係と対比して吟味しよう。

いま明らかにされた月蝕における項連関は、「これ」なる事象として指示された月における特定の状態は、それが月と太陽を結ぶ線上における「地球の介在」という天体上の位置関係に結び付けられると「遮蔽」という一般的な状態として了解されるというものであった。この関係を念のために再確認して、

① これ—地球の介在—遮蔽（＝月蝕）

と定式化しておこう。ここでは「地球の介在」は種的に、「遮蔽」は類的に意味づけられる。

しかるに、「これ」なる指示は普通は名指しによってなされることを思えば、「これ」にはまず「月蝕」が充てられ、その上で実在する構造が了解されるという関係がまず思いつかれよう。そして、述語づけの関係として見るならば、この方がよほど自然であろう。この場合には、項連関は、

②　これ―月蝕―地球の介在―遮蔽

と定式化されよう。②は①と内実は変わりはないはずであるが、自然な述語づけとして解せられるという意味において（その場合には月蝕の定義を定式化したものと言えよう）、位相差は認められる。

さらに、②は、少し整理して三項にまとめるならば、いわゆる実体の定義の項連関にそのまま対応することが分かる。即ち、

②'　これ―月蝕―遮蔽（地球の介在）

また、③は、類のところを敷衍して示せば、そのまま②に対応することが分かる。

③'　これ―人間―可死性―動物

この場合には、③は、いわゆる実体の個体が指示されて本質論的に述語される際のされ方を示している。こうして見ると、実体においては①と②のような位相差は認められないことが分かる。位相差が現れるのは、自体的属性の場合の特殊な状況に依る。

ところで、実は、さきにも指摘したように、②はアリストテレス自身は認めていない定式である。位相差は、アリストテレスの基本思想に基づくものである。このように考察を進めるかぎり、アリストテレスはここに実体と属性の具体的な違いを認めていたことになる。

それでは、②は何故に認められないのか。それは、事象は「これ」として指示されても、同じ形相（種）に帰せられるのでなければ同定はされないからである。さきには同一のパターンを繰り返す現象が名前によって指示されると見たのであったが、同一のパターンというときにはすでに名付けらるべき形相は先取りされていたのである。形相の先取りの無いところでは、いくら同じように見えても、それが同定されなければ名指されることも無く、②のような行程は辿られなくなるのである。これは理論上のアポリアである。

これをもっと簡単に当面の視座から言えば、「月蝕」は「これ」に対しては自体的な述語ではないということである。自体的な述語ではないから、本質論的な主題にはならないのである。

①では、「これ」に対する述語づけから始まるのではないから、このようなアポリアは生じない。ここでも「これ」なる事象は同定されないが、原因―結果のカテゴリーで説明される実在する関係がまず原理として導入されて事象はそれと衝き合わされて考察されている。同定される相は、その過程で推定されよう（①の項連関はそのための項の採り方を示している）。これが論証の具体的な内実であることは、既に第一章で示した。この場合、指示されている「これ」なる事象は光の消失であるが、それは或る何らかの結果として「遮蔽」と解釈されている。それゆえ、推定は、結果から原因の推定として意図されているのである。

これに対していわゆる実体の場合には、「人間」は「これ」に対して自体的に述語される（「カリアスは彼自身として人間である」既述）故に、③はそのまま本質論的な述語づけの系列として認められるのである。それは、述語の内実が、「人間」が述語される「これ」の中に、先取りされているということからも明らかである（実体において「これ」は「当のこの人」の謂である）。それゆえ、実体においては、同定は指示と同時になされるのである。実体におけるこのような同語反復性は本質的である。

もっとも、この場合も「人間」は可死的な動物についての名前であるから、さきの場合と同じではないかと疑問がもたれるかもしれない。このように殊更に区別しようとするのは実体を特別に実在視しようとする実体論的な偏見とも言うべきものではあるまいか。実際に存在しているのは、どちらの場合にもある一定の状態であるとしてよいのではないか。――しかし、このような疑問は、もっともではあるが、あまり意味も無い。巨視的に見れば、おそらくはその通りであろう。しかし、区別する視座も、十分に採られるのである。そして、アリストテレスも、その視座を採っていると思う。それは、本質論的な意味をもつ一定の状態が直接に指示されるか、あるいは何らかの結果をとおしてのみ了解されるかの違いである。前者が実体の場合であるが、これは単純であって、これですべてが尽くされるなら問題は無い。アリストテレスが敢えて区別する視座を採っているのは、自然の状態の記述は、一般的に言って、それでは済まないと見たからである。アリストテレスが論証をとおして定義しようとしているのも、このような状態である。

このように論点を整理してみると、問題は論証との関連で考えられる定義にあることが分かる。次に、締め括りとしてその点に焦点を合わせて、議論を立体化しておこう。

第三節　定義論の問題点

論証との関連の上から定義を考えた場合にまず現れる問題は、それが言葉の定義なのか事象の定義なのかという問題であろう。実体の定義として限定して考えた場合にはそれが事象の定義であることは当然視されていることなのであるが、定義の問題を改めてこのように一般化して立てるに当たっては、アリストテレスもこの点にまず注目するのである。定義を論証との関連の上から結論的に論ずる第二巻十章の冒頭では、次のようにまず言葉の定義が語られるのである。

> （I）定義とはモノの何であるかを述べる言明を言うからには、その一つが名前もしくは名前に準ずる成句が何を意味するかを述べる言明であることは明らかである。たとえば三角形〔という名辞〕が何を意味するかを述べるがごときである。（B10. 93b29-32）

これは定義に関するごく自然な規定であると思われる。ところが、この章の結論を要約的に確認する処では、名辞の定義の問題には全く触れないままに、定義の種別が次のように列挙されるだけである。

> （J）したがって定義とは、（i）一つにはモノの何であるかを非論証的に述べる言明であるが、（ii）また一つにはモノの何であるかを推論するものであって、論証とは述語の形態において異なっているものである。（iii）また第三には、モノの何であるかを論証した結果である。（B10. 94a11-14）。

そこで問題は、（I）に提示された言葉の定義は（J）の内のどれにどう関連するのか、それとも（I）の内容は（J）の種別とは別の文脈におけるものなのかということになる。伝統的な解釈では、（I）ははっきりとした名目的定義であり、それ故に定義の実質的内容を挙げる（J）では削除されている、とされてきた。それは主として、ここでロスに従って読まれた「名前に準ずる成句（λόγος ἕτερος ὀνοματώδης）」というフレイズが「名前が何を意味するかを述べる言明（λόγος τοῦ τί σημαίνει τὸ ὄνομα）」全体と選言並列に採られた結果、文字通りの名目的定義そのもののこととして解釈されて来たことによる。ロスはその点を衝いて、これを「名前」だけと選言並列にとり、ここに名目的定義そのものを示しうる表現は認められないとした。[10]（Ⅰ）に続いて「他ならぬこのモノについてそれが在るという事実を把握しているときに、我々は何故にあるかを探究する」（93b32）と述べられている処から判断すれば、ロスのこのような理解はごく自然なものと思われる。

さらに、ロスは、（Ⅰ）の叙述を事象における本質の現れを説く第八章の議論（B8. 93b32）の再録と見た上で、（J）の（iii）の論証の結論と同一視している。これは属性の定義であるが、実体の定義に対応する非原因的定義であると言う（それに対しては（ii）が原因的定義とされる）。たしかに先ほどから論じてきたように、論証とは月蝕とか雷鳴とかという事象の現れ（属性）を定義しようというものであるから、これは『後書』の趣旨に十分に沿うものである。しかし、そのために、（Ⅰ）が素直に述べている名前の意味の説明（概念規定）ということは当面の視野から消えてしまっている。ロスにおいては、単なる名目的定義を斥けるあまり、定義における名前の問題そのものが主題になり得なくなっている。

この点を衝くのが、J・バーンズである。バーンズは、たしかにロスの主張は正しいにしても、だからと言って（Ⅰ）が名目的定義に関係しないことはないと言う。[11]現に「名前が何を意味するか」と言っている以上、やはりここには（J）からは区別される一項を立てざるを得ないというわけである。しかし、バーンズは、その名目的定義の具体的な意味には全く触れていない。

『後書』第二巻十章における定義の名目性を主題的に論じるのは、R・ボルトンである。ボルトンは「本質主義と指示理論」において、きわめて注目さるべき視座を提供している。[12]それは、名目的定義を事象の同定にまつわるアポリアを打開するよすがを与えるものとして理解するという視座である。[13] つまり、名目的定義ということで、形相の先取りの正当性を認めようとするのである。

ボルトンはロスと同じく名目的定義は論証の結果であるとするが、それで済ますのではなく、それを所与の事実として押さえた上で何故にアリストテレスがそのように考えたかを究明している。ボルトンは、まず、名目的定義が科学的探究の基礎にあるアポリアに関わるものであるからには、実在する対象との関係は不可欠であるとする。[14] そしてその対象は、自然種に代表される自然的実在である。名目的定義も実在的定義と同じ対象にかかわり、ただその扱う方法が異なるだけである。つまり、名目的定義は実在的定義が提示する（*display*<δηλοῖ, δείκνυμι）本質の意味を述べる（signify<σημαίνει）というわけである。このように見ると、名目的定義において意味規定されている名前は、実在的定義が提示する一般的な本質を例化した事例ということになる。[15]

このように名目的定義の性格を押えた上でさらにボルトンは、それを『後書』第二巻八章に論じられている「事実そのものに現れたある相」（93a22）を述べるものとする。名目的定義において述べられているこのような相は、「現実に見られた対象」である故に、それが正確に種分けされ得ないにしても、一つのタイプの中に採り込まれる。それが即ち同定されたということである。[16]

以上のボルトンの議論を先のアポリアに関連付けてまとめれば、現実の対象が指示された場合にその対象が本質の事例として解釈されるなら、本質に基づく同定はその指示において可能である、と単純化されよう。その場合、それが本質の事例として解釈されるためには、もちろん別の要因がなければならない。その要因として注目されるのが、属性である。ボルトンも属性のそのような特別の働きに注目して、種のすべてのメンバーに認められるわけではないが、それをもつことで当のモノが種に属することが承認されるようになるものであると言う。[17]

それはいわば対象を種分けする目印のごときものであろう。それは論理的なものではないが、対象が同定される際に実際に認められるメカニズムである。そして、そのような属性が種の対象（種のメンバーとして認められるようになった対象）の結合が論証によって確認される処から、かかる属性を述べる名目的定義は論証の結論であるとされるのである。

このように整理してみると、ボルトンの巧みな手捌きと、それでもなお残る問題点がはっきりと分かるであろう。同定のアポリアを積極的に取り上げた点は何を措いても評価されようし、また属性に大きな意味を認めた点も具体的な対応として当を得たものであるが、それだけに、同定の可能性は単なる事実上の問題に押しやられているのである（ボルトン自身 not logically と言っているように）。そうなると、かえって我々にとって身近なものから探究を始めるというアリストテレスの件の方法論の強調が目立ちすぎて、月並みな印象さえ与えるのである（B8. 93a21ff の議論を B19. 100a3-9 や *Physica* A1. 184a24-26 に結び付ける点）。

さらに、名目的定義を論証の結論であるとすることは、名目的定義の内にいま紹介したような我々に身近な現実的対象への指示を認めるならば、それはどうしても無理であろう。むしろ、逆に、論証の出発点をなす事象の記述とすべきである。第八章における「ある相」とはまさにそのような事象を指示するものである（B8. 93. a22, 29）。ボルトンは論証の結論の形式に引きずられて、論証の結論の抽象性を無視している。(18)

この問題については、私は、事象の同定のアポリアを考慮に入れた上で、（I）の名前の定義は、特に名目的定義というように限定されたものではなくて、（J）の三つの意味全体に関係すると考える。このような視座から問われる名前の意味の規定とは、事象を名指しする「月蝕」や「雷鳴」などの概念の意味の説明である。これは、実質的には、名指された事象の本質規定でもある。その限りでは、実在的定義と何ら変わる処は無い。

しかし、これが重要な点であるが、いまも述べたように、定義が成る以前には「月蝕」によって事象は同定されないのである。経験的には同定されて定義内容が獲られたにしても、論理上の保証はないのである。ボルトンはそれを打開すべく問を立てたのであったが、私はむしろ同定できないということが事象に関して実在論的に定義されたと思われた結果を名目論的と性格付けていると考える。月蝕の内容として或る実在的関係が了解されているにしても、それが月蝕について述語されている限り、概念の意味規定に過ぎないのである。

このことは、本章で主題的に論じてきた思想によれば、「月蝕」が月の自体的な述語ではないということから来る制約であるとも言える。さきの、②の「これ—月蝕」の間には、直接の結びつきは認められなかったのである。結びつきは、事象の「これ」なる相を或る実在の関係（月蝕の内容をなすはずの関係）に帰着せしめたときに初めて認められるのである。このことは、月蝕という名前は（もちろんそれが他のどんな名前であってもその名前は）当の相とは別に認められている一般的な関係（物体が光線を遮蔽しうるという関係）に依拠して初めて名前として機能しうるということである。その場合、「月蝕」では月における現実の相は説明できない（できるとすれば関係を例化する事例としてに過ぎない）。月蝕という名前の使用は、このように記号の内部に閉じ込められているのである。名目的とは、そのことの謂いである。

定義の名目性をこのように理解するならば、（J）に掲げられている一見相互に背反するような三種の規定も、一貫した思想の下にきわめて整然と解釈することができる。第一の「ものの何であるかを非論証的に述べるもの」とは、まさにこれが論証の前提命題とされる実体的定義である。非論証的とは、それ自身論証されることのない直接性を言う。それは、（J）と同じ趣旨をまとめる第一巻八章の対応する一節で「論証の始まり〔をなす一般命題〕」（75b31）とされているとおりである。これは、一般的に言えば、それぞれの知識の領域において、それぞれの実在に応じて建てられる体系の基礎をなす一般法則命題を指すものであろう。しかし、『後書』の趣旨にそって個々の事象の記述の状況に定位して考えるなら、それぞれの状況において事象に即して示唆される一般的な関係や状態にまで拡張される（大前提）。このような一般的な関係の状態は、論証が完遂されると、その過程で導入された概念（名前）の意味規定になっている。第三の論証の結論とは、このことの謂いである。再度例で確認すれば、始まりの方が「物体は光線を遮蔽する」という一般的な関係であるのに対し、結論の方は「月蝕とは或る種の遮蔽である」というものである（「或る種の」と言っても「地球の介在による」ということは当然前提された上での省略語法である）。

二番目の「論証とは形態において異なっているもの」という規定は、このような結論の定義の実在的基盤とも言うべき状況を示すものである。論証においては、探究はたとえば「何故に雷鳴が生ずるか？」という原因究明の問の下に開始され、それがそこに示唆されている火に水をかけると音を立てて消えるという一般的に認められている事実の下に衝き合わされた結果として、「雲の中で［雨によって］火が消える故に」という形で答えられる。それに対して、定義は、「雷鳴とは何か？」という本質規定を求める問の下に、「雷鳴とは雲の中で火が消えるときに出る音である」とするものである（B10. 93a3-5）。ここでは、文字通り原因の問と本質の問の間の併行関係が認められている（cf. B2. 90a15-22）。この併行関係は、論証においては定義は名目的性格は免れ得ないが、それにもかかわらず自然的実在への対応は保っている、というアリストテレスの基本思想をはっきりと示している。

定義とは、一般的に言えば実体の定義のことであり、その内実は類と種であった。この意味における定義は、自然全体の基本的な統一構造を説くべく、存在論的な要請から考えられたものであった。また、そのような課題とは別に、論証知においては、論証がなされる前にそれが語る対象が存在するか否かにはかかわりなく容認されなければならない基本概念の意味規定であった。これは論証の原理となる直接的な前提命題として、まず掲げられているものである（A2. 72a18-24, A10. 76b35-77a3）。これらはそれぞれごく素直な発想で述べられているもので、文字通りに受け容れられよう。このような素直な規定に比べると、いま論じてきた第二巻十章の規定は、一見何とも理解に苦しい印象を与える。普通に了解されている定義とは考える脈絡がだいぶ違うのである。しかし、いま論じてきたように、これら三種の規定（ならびにそれら全体にかかわる名前の問題）も、やはり素直な叙述なのである。これは、実際に論証がなされる過程の中で考えられる定義である。一般的な意味で語られる定義は論証の場面では厳しく区別されなければならないが（第二巻三章〜七章の弁証論）、そうは言っても、論証の過程においても定義という言い方に依らなければ済まないような問題も生じてくるであろうことは、当然想定される。そして、それは、属性を論証するという過程においては不可欠の概念上の要請である。それゆえ、一見しまりの無い印象を与えるかもしれないが、このような形で定義を規定したということは、逆に論証の性格を特徴づけているとも言えるのである。自然の個々の事象に即して、それを本質論的に解釈される条件として（あるいは解釈された結果として）定義を考えたというところに、アリストテレスの思想の柔軟さと広さがあると考えられるのである。

註

（1） J. Barnes, *Aristotle's Posterior Analytics*, Oxford, 1975, p.114.

（2） W. D. Ross, *Aristotle's prior and Posterior Analytics*, Oxford, 1949, p.521. ロスは、ここに「において在る」と訳した ὑπάρχειν の術語的な用法として、（·ⅰ）述語の主語への帰属、（ⅱ）本性上構成要素となるものの当のモノへの帰属、の二点を挙げている。（·ⅰ）は『分析論』における一般的な意味であるが、別に本質規定とは限らない。（ⅱ）の本性上の構成要素が、バーンズの言う例に連なるこのと解釈することができよう。

（3） C. Kirwan, *Aristotle's Metaphysics, Book C D E*, Oxford, 1971, p.169.

（4） J. Barnes, Property in Aristotle's Topics, *Archiev fur Geschichte der Philosophie* 52,1970, p.139.

（5） D. J. Hadgopouros, The Definition of the Predicate in Aristotle, *Phronesis* vol.21 no.1, 1970.

（6） Ibid. p.61 彼は、ロスのように δι' αὐτὸ κεχωρισμένον と訂正するのではなくて、写本どおりに διό を生かして κεχωρισμένον を述語的に読み、さきに引用した『トピカ』第五巻一章の固有性の説明と結び付けている。

（7） Kirwan, ibid. p.181.

（8） もっとも、アリストテレス自身に（Ⅰ）と（Ⅱ）の区別を無視するような例もある。即ち、「点と直が線自体において在る場合。それは線である限りにおいてあるのだから」（A4. 73b29-30）。しかし、私は、ここはむしろ（Ⅱ）が本質的に評価されている証拠として、積極的に解釈できると思う。

（9） もっとも、ヒックスはそれを『形而上学』Δ巻十八章の問題の三義から区別し（R. D. Hicks, *Aristotle De Anima*, Arno Press, 1976(1907), pp.366-67）、また、ロスも匂わしはするが断言してはいないが（Ross, *Aristotle De Anima*, Oxford, 1961, p.242.）。

（10） Ross, *ibid.* p.635.

（11） Barnes, *ibid.* pp.212-13.

（12） R. Bolton, Essentialism and Semantic Theory, *Philosophical Review* LXXXV 4, 1976, pp.514-44.

（13） Ibid. p.519.

（14） Ibid. p.521.

（15） Ibid. p.524.

（16） Ibid. p.532.

（17） Ibid. p.534.

（18） ボルトンは雷鳴に関する定義のうち第二巻八章の表現（οἷον βλοντήν, ὅτι ψόπτος τις νεφῶν B8 93a22-23）と第二巻十章の論証の結論の例（ἔτι ἐστὶν ὅρος βλοντῆς ψόφος ἐν νέφεσι B10. 94a7-8）の形式の一致から、八章の「事象そのものの内の或る相」を言う表現をも、当然であるかの如く論証の結果として受け容れている（pp.521-22）。しかし、これはどう考えても無理である。

第三章　類の措定とその基体性

――内属性の概念をめぐって――

前章では、自体的属性が学知の必須の対象であるのみならず、哲学的に言っても問題の焦点をなすことを縷々論じた。本章では、それを承けて、自体的属性に認められる存在論上の特質を明らかにしたい。それは、自体的属性に見られる現代論理学で話題になっている意味論（指示理論）的な問題であって、そこには同時に、この問題を介して通常は表面にはあまり現れることのないアリストテレス哲学の流儀が間接的に現れているからである。前章で論じたように、この属性には本質論の拡張が期されている。意味論的な問題が生ずるというのも、この拡張に伴う結果である。

自体的属性を『後書』の例で再度確認すれば、まず、①数における偶と奇、線における直と曲であり（数学的対象 A4 73a38-40）、それから、②月蝕、雷鳴、落葉等の自然的事象である（B16. 98b21-24, etc.）。『後書』では論証形式が前提されているために例は特定の種類（とくに原因究明の対象となる事象）に限られているので、もう少し一般的な了解を求めて他の箇所を探せば、『形而上学』Δ巻の自体性の用語解説に、③「表面における白」と「魂における生」が見出される（内属性 *Met.* 1022a29-32）。この例はほぼ同じかたちで『トピカ』にも見出される（*Top.* E3. 131b33-34,E8. 138a11-19, etc.）。

これらの属性が自体的とされる所以は、これらの性質を定義したときに、その基体（ὑποκείμενον）の状態が不可欠の要素として入らざるを得ないからである（A4. 73a37-38）。それは、砕いて言えば、基体が性質にもっとも密着したかたちで採られているからである。つまり、自体性とは、基体が性質にもっとも密着して採られたときに（たとえば「白」に対してならば「物体」ではなくて「表面」が採られたときに）現れる性質なのである。このとき基体は第一義性において πρῶτον 捉えられたとも言われる。この思考の脈絡においては、属性の自体性を決める条件は、第一義的な基体、つまり特定の状態にある質料であると言うことができる。

自然学的な原因究明の問題関心からすれば、かかる基体は原因として追究される（特に②の場合）。しかし、アリストテレスは、自体性を考えるときには、論証という本質論的な形式に従っている（論証とは三段論法の第一格第一式 Baebara の言わば知識論的な適用である）。このように方法論的に限定された思考の場においては、基体は概念的に類として措定される。その直接の論拠は τὸ γένος τὸ ὑποκείμενον（75a42-b1）というフレーズであるが、それ以上に、これは「類の自体的属性」という表現（75b1-2, 76b13）を素直に承けた了解である（cf. *Met.* B2. 997a6, 997a19-22）。実際、ここに言う ὑποκείμενον なる概念は両義的である。それは「基礎に措定する」（以下略して「措定する」）という動詞 ὑποτιθέναι の受動分詞形であると同時に（cf. 76b17）、内属性がそこにおいて在るという意味における文字通りの基体の意味も荷っている。

このような類の理解には、テキスト上の典拠とは別に、何か釈然としない印象が残るかも知れない。しかし、この点の解明は、本章全体の行論に委ねたい。このような類の理解に納得のゆく説明を与えることは、実は、初めに提起した意味論的な問題と表裏一体をなす。そしてまた、論証の実質的な意味も、かかる類の働きを概念的に顕わにして行くことにある（偶然的とされる自然の事象や付帯的に述語される性質も、論証されたなら類の下に自体的属性として評価されることになる故に――、だがこの点の解明も、本章全体の行論に委ねよう）。論証は、たしかにバーンズも言うように、新たな原因の発見の方法なのではない。

さて、このように自体的属性には本来的に類的制約（基体的制約）が付きまとうのであるが、この制約は属性論に改めて意味論的な問題（その本質化されたとも言わるべき属性は本当に存立する事象を指示しているか否かという問題）を突きつける（実体の場合は、実体は即ち本質の存立なのだから、この問題は生じない）。この問題は、類の措定の意味の検討に収斂する。以下、本章では、まずこの問題が具体的にはいかなるかたちで提起されているかを『後書』のテキストに即して明らかにするところから始めたい（前篇）。それから、類の基体性について、具体的に見て行く（後篇）。本章は前後二篇に分けたが、問題関心は当面における類概念の特殊な意味の究明に集中している。本章は本書全体を支える底流である。

前篇　類の措定

第一節　措定（ὑπόθεσις）と定義（ὁρισμός）

アリストテレスは、『後書』第一巻二章で、論証の前提命題として容認されなければならない直接的（無媒介的）な原理命題を組織的に規定している。そこに掲げられた措定（ὑπόθεσις）と定義（ὁρισμός）の対照は、定義に関する通常の理解（実在する本質の規定という実体の定義の理解）からすれば、たとえそれが論証の原理である自体的属性の定義であると受け容れてみても、一見きわめて特異である。

（A）……定立（θέσις）のうち、矛盾的に対立する任意の一方、つまり、何かが存在するか存在しないか、の一方を容認するものは、措定である。しかるに、そういうことのないものは、定義である。実際、定義は、たしかに定立であるが（何故なら算術家はモナスを量に関して不可分のものであると定立するから）、措定ではない。モナスが何であるかということと、モナスが存在するということとは、同じことではないからである。（A2. 72a14-24）

これによれば、定義はその対象の存立とは関係なくなされる定立（意味規定）で、措定はそのような対象の存立を主張する定立である。定義はとくに存在（対象の存立）を主張するか否かの点で、措定からきびしく区別されるのである。同趣の思想を確認する第十章においても、このことは基本論調として押さえられていて（A10. 76b35-39）、「定義はただ理解されさえすればよい」（76b36-37）とまで言われる。これは、定義に関する著しい非実在論的な把握に見える（反実在論的な名目論的な性格を主張するわけではないにしても）。ここには実体と属性の対比が、ことさらに際立たしめられているかにも見える。

この対比は、実はアリストテレス自身、さりげなくではあるが提示するところである。たとえば、次の『後書』第二巻三章の一節を参照されたい。これは論証を定義から区別する明確な意図の下に展開される弁証論の一節であるが、それだけに、論証にまつわる存在論的な問題が言わば極限的に指摘されているとも言える。

（B）何故なら、定義は本質すなわち実体に直接かかわるが、論証は本質を措定した上で、これを容認するからである。たとえば数学は、点とは何かとか奇数とは何かを〔措定した上で容認する〕。他の諸学知も同

様である。（B3. 90b30-33）

ここで違いは、本質に直接かかわる（属格表現）のと、措定して容認するのとに認められる。文面には顕わにされてはいないが、論証が措定し容認する本質は定義によって意味規定されたものであることは明らかであるが故に、ここでは間接的に実体の定義と属性の定義が対比されていると見ることができる。属性の定義内容は、さらに措定され容認されなければその存立は保障されないのである。これはそのまま（A）の思考の脈絡に一致するが、さらに論証の原理を論ずる第一巻十章の脈絡にも一致する。すなわち十章では、（A）と（B）の文脈で例示されたモナスや点は、「存在するとして容認される」（A10. 76b3-5）。さらに、これらを原理として成る類も存在するとして定立され、また措定される（76b12-13, 17）。（B）を媒介にして読むと、（A）で問題提起された思考の構図は、そのまま十章において敷衍されていることが分かる。

十章の文脈においてさらに注目さるべきは、λαμβάνω の意味である。λαμβάνω は『分析論』ではほぼ一貫して、原理的な前提命題の容認に関して使われるが、原理の在り方に応じてそこには明白な二義性が現れている。

（C）私の言う個々の類の内の原理とは、その存在を証明することのできないもののことである。ところで、第一の原理とそこから導かれる属性が何を意味するかは、容認される。しかるに、その存在に関しては、原理の場合は容認されるが、属性の場合は必然的に証明される。たとえば、モナスの意味や直とか三角形の意味、さらにはモナスや大きさの存在は容認されなければならないが、それ以外（の属性の存在）は証明されなければならない。（A10 76a31-36）

すなわち、原理が容認されると言っても、それが何を意味するかが容認される場合（意味の容認）とそれが存在する事実が容認される場合（存在の容認）が区別されているのである。この区別は、（A）の措定と定義の対照に対応するから、（A）の問題提起を意味論的に受け止める糸口をなす。さらに言えば、この区別は、『後書』の開巻早々にして第二パラグラフ（A1. 71a11-17）で示唆されている『後書』の意味と存在の両契機からの検討という基本モチーフを承けた実質的な展開でもある。

さて、意味の容認と存在の容認の違いは、容認が存在の場合には原理についてのみ言われるのに対して、意味の場合には原理のみならず原理から導かれた属性についても言われなければならないとされる点にある。原理から導かれた者については、導かれるとされる以上、「容認」される必要はなく、主題通りに「証明」されたとされて然るべきだとも思われる。しかし、アリストテレスにあっては、そうはならないのである。そうであるからには、属性の意味は、たとえ原理から演繹的に導かれたものであっても、演繹によって初めてその意味が保障されるものではない、と理解される。それは、意味は原理に内含されていて、新たに生み出されるものではないからであろう。つまり、意味が内含されていれば、その意味は、演繹的に導き出される以前に原理が容認された時点で、既に容認されてしまっているのである。

この場合の容認は、複雑に入り組んだ体系をなすそれぞれの容認の意味（原理の意味、原理から導かれた属性の意味等々）をありのままに受け容れる、ということである。演繹された属性が容認されるとは、入り組んだ体系の末端の様々な節々が、演繹によってその存在を保証されたとおりに受け容れられる、として理解される。

これに対して存在の容認とは、そのような意味の体系を個々の実際の事象に対応せしめることである。つまり、それは、意味が対象を正しく指示する保証を与える操作である。そのためには、意味の体系の各処でいちいち対応が確認される必要はない。少なくとも、どこか一点で対応が保証されたなら、後は演繹的に証明されるからである。論証においては、その地点が、原理である類に求められる（類に固有のモナスや点も、広く類に含めて理解される）。十章で繰り返し強調される類の存在に関する定立や措定（76b12-13, 17）の提起は、かかる思想の意図的な表明である（措定とは特にかかる存在の容認を言うものと理解される）。

こうして見ると、ここに言う証明とは、現代の経験主義における検証に相当する操作であることが分かる。もちろん、アリストテレスの構想するものは仮設演繹体系ならぬ原理演繹体系とも言わるべき体系なのであるから、その点のみからすれば、両者が質的に区別されることは言うまでもない。客観的世界の存在を確信し、それに対応する客観的知識の成立を承認するアリストテレスにあっては、存在の容認も意味の容認に劣らず仮設などということではなく、素直になされたことであろう。しかし、かかる原理の存在の容認は、論証においては後述するように個々の事象に即してその原因の本質論的な再構成としてなされるのである。これは、問題の原理が実質的には仮設の位置に追い遣られているということでもある。かかる容認はむしろ人為的であり、語の本来的な意味における措定の性格を帯びる。

それでも、この人為性は、意味が対象を正しく指示するための要請であるからには、名目性とははっきりと区別される。そして、この人為性は、（A）の文脈で示されるように、原理性を排除するものではない。意味は、独立に成立しても、それが何らかの外的対象を指示する以上は、外的対象に支配されている。この人為性は、かかる制約の現れである。これは、実際上は、類の措定はその措定の上に構成される意味の存在との対応を見込んだ上でなされる、ということである。措定された類は、言うなれば、これから構成されるはずの意味の存在との対応を担うのである。

さて、このように措定された類は明らかに個々の演繹科学のカバーする領域なのであるが、ここではとくにそれが特定の基体に即して採られていることに注目したい。さきに指摘したように類はとくに ὑποκείμενον と形容されるのであるが、ὑποκείμενον γένος なるフレーズは、八章では、とくに算術とハルモニア論（あるいは幾何学と光学）の違いを説明するものとして導入されている（ハルモニア論の基体は音声であり、算術の基体としてはとくに思惟的質料とされる数が充てられる）。かかる ὑποκείμενον γένος は、自体的属性を支える第一義的な基体に通ずる（ハルモニア論における二音の調和の事実は二音の第一義的な基体である音声を類に採ることによって、その自体的属性である比例関係として原理的に説明される）。そこから、類の措定の思想は、単なる演繹科学の構成の方法という枠を超えて、自体的属性の成立による本質論の拡張の方法へと拓かれるのである。

このような展開は、実際問題として考えてみても、当然予測されるありうべき一般化である。アリストテレスの時代の限られた素材のもとでは、演繹科学の体系構成などということは、数学の特定の場合を除いてはおよそ考えられもしなかったことは、むしろ常識であろう（アリストテレスの挙げる原理の例はほとんどモナスと点に限られている）。自然の事象に関して論証を言うならば、類の措定（類の存在の承認）という意味論的な問題も、この再構成の過程において具体的に現れることが期待されるのである。同時にそこには、特定の基体が類として措定されるということの内実も、具体的に見て取ることができる。次に、それを検討しよう。

第二節　原因の本質論的再構成の問題

初めに検討の糸口として、自然の事象が論証される形式を、アリストテレスが好んで挙げる月蝕の例に従って再度確認しよう。アリストテレスの挙げる項連関は、〈蝕―遮蔽―月〉である。これは、「月（小項）には蝕（大項）がある」という事実の原因が地球の介在による月光の遮蔽（中項）である、という認識を定式化したものである。これを本質論的な視座からなされる原因究明の場においてパラフレーズすると、次のようになる。

（大前提）　遮蔽は蝕を惹き起こす。
（小前提）　これ（月におけるこの状態）は遮蔽によって引き起こされた。
（結　論）　これ（月におけるこの状態）は蝕である。

この場合、「蝕」は「遮蔽」の自体的属性とされる。「遮蔽」に相即される太陽と地球と月の位置関係が基体と考えられるからである（B16. 98b21-24）。また、「遮蔽」は内容上類概念であり、論証においては類概念であるにもかかわらず中項（媒介項）となっている（この点に論証の特質があることは、既に第一章と二章で主題的に論じた）。そこで、月蝕の原因は遮蔽なのであるが、本質論的に見れば、月蝕は原因である遮蔽を類概念として採ることによって定義される。また、定義された内容の存立（すなわち蝕の存在）は、遮蔽という基体的な状態が類として措定され、媒介項として働いている故に、証明され、したがって、保証される。「これは蝕である」というような事実の叙述も、それ自体としては付帯的な述語づけによる命題であるにもかかわらず、このように論証された結果と見做される限りにおいて、本質論的に解釈されるのである。

このようなパラフレーズには、すぐに疑問の声が上がるかも知れない。曰く、月蝕の小項は「月」であって、眼前に指示された「これ」ではない、と。あるいは、また、「これ」なる個的な状態はアリストテレスの推論には現れ得ないとも。しかし、このような疑問は、「これ」をそのまま個体と見做す俗見である。「これ」なる指示は、その対象の同定を先行条件とする故に、内実は普遍である。そして、実際に、小項に相当する箇所で、アリストテレスが実際に意図的に言及する処である。たとえば、いま提示した月蝕の例に先立つ一節では、次のように語られている。

（D）……ある場合には、我々は事象そのものの或る相 τι を摑む。たとえば、雷鳴を雲間の音として、月蝕を月光の或る種の消失として、人間を或る種の動物として、魂を自分自身を動かす者として摑む場合。……我々が〔かかる〕或る相 τι を摑んでいるかぎり、探求は容易である。つまり、我々は、事実の存在を摑んでいる度合に応じて、本質にかかわっているのだ。……（B8. 93a22-29）

ここで「事象そのものの或る相」として摑まれた月蝕は、月に関して「これ τι（「この何か」τόδε τι）」として指示された状態である。「これ」の内容は「月光の或る種の消失（στέρησις τις）」なのであるが、この τις は本質の「或る相」なのであって、しかも「事象そのものの或る相」である「これ」なる状態（蝕）に対応するものである。この τις は、論証の成った時点では「地球による遮蔽」として究明される類的な原因なのであるが（（D）では実体の例と並んで表示されているので種差に位置づけられているかに見えるが、内実は明らかに類である。既に論じたように属性の論証においては類種が逆転することにも符合する）、出発点においても、事象における「これ」

なる指示 τι（τόδε τι）に重なりあって現れている。

（D）は、原因究明の出発点のいわば暫定的な把握である τι によっても原因は十分に指示される、という構造を意図的に示すと言う意味で、とくに注目さるべきである。類の措定は、言うなれば、「これ」なる指示の内に先取りされているのである。たとえば、ソラブジはこの点を捉えて、本質は完全に特定化されなくても、種差（類と言ってほしい処）が示唆されるだけで指示される、という形式を指摘する。(1) この指摘は、さらに、パットナムの自然種語の捉え方に言及することによって強調される。(2) パットナムの捉え方は、「自然種を表す語（金、水、雷鳴等）でわれわれが意味するものは、その成員がその語によって呼ばれる大部分の個体事例に見られるのと同じ原因、構造、特性等を有する特定の種である」とするものである。たとえば、「雷鳴」は、その科学的原因が究明されない状況にあっても、その事例の特徴から、自然種語として十分に指示機能を果たすのである。これを「特定されない本質が指示されている」からと見るならば、きわめてアリストテレス的と言えよう。

以上、すこし先走ったきらいもあるが、要は、自然の事象も本質論的な視座に立てば類の措定の上になされる、ということである。しかも、この場合には、類は究明される原因に先立って、この事象の内に現れている。それは一種の本質直観の対象である。

しかし、そうなると、こんどは本質直観などという改まった局面ではない普通の一般的な事象（属性）の場合はどうなのか、という問が生ずる。一般的な事象は、この場合には、特に内属性として論じられる。そこで、次に、論点を内属性一般にまで拡げて、以上の議論の総括としよう。

第三節　内属性の存立構造

内属性が問題視されるのは、それが述語される資格においてである。内属性の述語は、まず、実体の述語が本質論的になされるのと対比される。実体と内属性について、表述の仕方をめぐって存在論的な対照を論ずるのは、『カテゴリー論』第二章である。実体の述語は、たとえば、

①「これ（この人たとえばカリアス）は人間である」

②「人間は理性的な動物である」

という形式で本質論的になされる。これらが何故に本質論的かと言えば、述語「人間」、「理性的動物」は、それぞれ主語の何であるかを説くからである。

これに対して内属性は、たとえば「白」ならその派生形態（「白い」）が、具体的な事物に関して、

③「これ（カリアス）は白い」

と述語される。ここで「白」は「これ」にたまたま付帯しているにすぎないので（付帯性）、この時点では③は自体的な表述ではない（事情はさきに見た「これは蝕である」も同様である）。さらに実体との類比で、類種関係に注目すれば、

④「白は然々の色である」

なる表述も当然認められる。さらに実体の場合との類比で言えば、

③「これ（この白）は白い」

なる表述も一応想定される。しかし、『カテゴリー論』第二章に掲げられた例から判断されることであるが、アリストテレスはこの表述形式は認めない。内属性の述語は個体内属性の場合に限られるのである。そこでは内属性と実体の違いは「何らかの基体の内にあるもの」と「いかなる基体の内にもないもの」(be in the ὑποκείμενον の成否) によるとされているのであるが、問題は個体内属性の扱いに収斂する。

この問題は、実は、一九七〇年代から九〇年代にかけてアリストテレス解釈の焦点となっている処なので、もう少し丁寧に――しかし本章の論点に関係する必要最小限において――論点を敷衍しておきたい(3)。個体内属性の存立は、アクリルが継承する伝統的解釈においては、基体である個体実体の個体性に依拠するとされてきた(4)。すると、個体内属性は当の個体実体の消滅とともに消え去る再現不可能の存在ということになる。さらに、基体となる個体実体が異なれば必ず異なり、個体実体は同じ性質を共有することもあり得なくなる(5)。このように、この解釈は、文字通りに受け容れると身動きが取れないほどに厳しい限定を与えるものなのであるが、テキスト上の論拠がはっきりしている処から、容易に動かし難いものとされてきた。その論拠は、次の一文である。

(E)「基体の内に在る」と私が言うのは、(イ) 何ものかの内にその部分としてではなくあり、かつ、(ロ) それがその内にある当のものから離れては存在しえないようなもののことである。(*Cat.* 2 1b24-25)

しかるに、オーエンは、(イ) と (ロ) の基体を区別することによって、個体内属性を当の基体から解放した(6)。そして、内属性においても、実体における〈ソクラテス (個)―人間 (種)―動物 (類)〉に対応する関係〈ヴィンク―ピンク―色〉を独立に認めた (ヴィンクとは「この白」に相当するオーエンの新造語。オーエンは λευκόν を明るさ一般を表す色と解して、white ではなく pink と訳す)。この措置によってA氏の顔色に現れたヴィンクはB氏の顔色にも現れうることが保証されたわけであり、個体内属性は個体実体と同等の独立した存在として認められたかに見えた。ヴィンクは原子的一般者とされたのである。

しかし、ヴィンクが多数の個体実体の内に現れるということは、内属性が何らかの基体の内に生ずる状態であることからくる制約であるとはいえ、個体として主張するには苦しい処であろう。ヴィンクは、むしろ種的に理解されていることになる。実は、これもオーエン自身もほのめかす処であるが(ピンクを明るさ一般を表す色と解釈し、ヴィンクをその内の一つと見る点[7])、その点をはっきりと衝いて批判し、そこから逆に積極的な意味を抽き出しているのは井上忠である[8]。すなわち井上によれば、ヴィンクの在り方がこのように個と種の間で揺れるということは、ヴィンクが「第一の実体に匹敵する厳密な、あるいはむしろ自明ないみでの個体性をどこにも保証も要求もしていない」証拠である。それというのも、内属性においては、個体を成立せしめる種的形相による限定(井上の言葉では「〈種〉による摑み」)が十分に働かないからである。つまり、「白の〈種〉たる性格が甚だ曖昧」なのである。そこから、内属性の基体は、「その都度の現場了解において「当の白」とされるものであるほかはない」[9]とされることになる。内属性においては、個体も種も確定した意味は荷い得ず、その了解は「いわば現場了解として、その都度の「白」が適時当てられる」というかたちでしかなされえない。これは形式的に言えば、ピンクがヴィンクとして指示されても、本質論上はピンクとして指示されたのと変わりはなくなるということである。それゆえ、④に対する、

⑤「ヴィンクはピンクである」

は、①の形式(個の種への帰属)としては理解されず、強いて言えば②の形式(類による種の規定)の変形とされ

る。これは、つまりは、内属性においては④は成立する余地はない、ということである。

このような特殊な構造は、元をただせば、内属性は何らかの基体の内においてでなければ存立しえないという内属性固有の在り方に基づく制約である（この制約に注目してオーエンは敢えてヴィンクを主張し、またそれを井上はその制約による構造は「何も無理して〈ヴィンク〉の段階を求めずとも、至極当然に〈ピンク〉の段階で成立する」と批判したのである）[10]。この制約の故に、内属性は「この白」として指示されても、本質論上は「白」としてしか認められないのである。指示された「この白」は、言うなれば、特定の白のままに一般的な「白」の変容として語られる。「この白」に認められる特殊性は、指示の時点で認められるものであっても、基体に基づく特定である故に、本質論上は基体に応じた「白」の分化として、「白」の後から追認的に特定されるのである[11]。

さて、以上の考察の上に、内属性「白」が自体的に述語される可能性を探ろう。ここで改めて想い出されるのは、「白」の第一義的な基体は「表面」であるという了解である。④が斥けられている以上は③を自体的な述語づけとして受け容れる可能性は、「これ」によって指示された「この人」も「この表面（顔面）」である限りにおいて主張されていると考える以外には、ない。つまり、③は、その内実は、

⑦「これ（この表面）は白い」

の謂いなのである。

ここに指示された「表面」は、「白」の類の内実でもある。アリストテレスの特殊な色理解によれば、色とはものの表面に固有の客観的な状態であるからである。かかる「表面」の状態は、いわば光の臨在によって明るめられた透明体（διαφανές）なる特殊な基体の限界（表面）として、原理的に説明される（*De Sensu.* 439a21-b1）。

かかる表面は、あっさりと、「白」の類である「色」と同一視されることもある（*ibid.* 439a30-31, cf. *Top.* E3. 131b33-4, E8. 138a11-19）。

ここから、内属性に対する「これ」なる指示は類の措定を意味する、という結論的な了解が得られる。このことは、また、③が「表面が白い」を大前提として論証された、ということでもある。「これ」なる「白」も、「表面」に依拠して初めて、その存在が保証されたことになるからである。ただし、この論証は、直接的に経験された結論命題③において、「これ」なる指示によって類が措定されている、という形式でなされている。そのいみで、（D）に示された形式は、ここでも貫徹されている。

最後に補足的に確認すれば、以上三つの場合を通じて、措定された類は共通に個々の属性（事象や内属性も含む）の意味を規定し、その存在を保証する基体的な制約である。これは、もちろん、いわゆる類種関係の意味で使われる類を排除するものではなくて、かえって類種関係で言われる類の内実を与える。表面が白の類である（正確には、類の内実を与える）とは意表を衝いた発言であるかに見えるが、この意味では、むしろ最適の概念と言うべきであろう。いまも指摘したように、表面とは透明体の表面の謂いにして、白の原因を説くための必要条件であったからである。ここには自然学と論理学（意味論）のありうべき対応が認められる。アリストテレスが好んで「表面」を語った裏には、かかる対応が控えていたのである。

前篇で私は、理論知をカバーする領域、自然的事象の原因、内属性の基体、というそれぞれ別様の三種の実在を、類の概念の下に一括して論じた。それぞれにおける基体が概念的に同じ働きをなすと考えられたからである。その働きとは、それぞれにおいて存立する個々の場合（論証された属性、結果として惹き起こされた事象、個々の内属性）の意味の制約である。前篇では、私はとくに類の指示機能に関して論点を絞ったので、類の基体そのものとの関連は既知の了解事項として前提した。しかし、そのために、類の基体性そのものの了解が不十分となり、そこからまた三者を一つの線でつなぐのは強引ではないかという疑問も残った。

後篇では私は、まず類の基体性を具体的に了解するために、第一と第三の場合について特にそれを事例に即して明らかにしようと思う。それから、そのような了解の下にあるアリストテレスの独特の色理解について補足的に論じたい。

第一節「γένος ὑποκείμενον（基体としての類）」

アリストテレスは、論証の具体的な構造を問題にする一連の議論（『後書』第一巻七章〜十章）の冒頭で、論証という知的行為を構成する三契機として、自体的属性と公理と類とを挙げている。この三者は、アリストテレスの言葉によれば、次のように関係する。

（A）それと言うのも論証には三つの契機があるからである。その一つは、論証されるもの、すなわち結論である。これは特定の類にそれ自体として内属する属性である。もう一つは公理であって、論証はこの公理からそれに基づいてなされる。第三に基体としての類がある。論証は、その属性と自体的な付帯性を明らかにする。（A7. 75a39-b2）

同様の発言は第十章にも見られる。

（B）それと言うのも論証には三つの契機があるからである。まず、存在するとして措定されるもの。これは類であって、理論知はその自体的属性に関係する。それから、いわゆる共通公理。論証はこれを第一の原理として、これに基づいてなされる。第三に属性であるが、その各々が何を意味するかについては、〔理論知は〕それを容認している。（A10. 76b11-16）

ここに示された思想の大綱は、理論知を構成する方法を述べたものと予測される。すなわち、体系的な理論知は、まず固有の問題領域を定めた上で、その領域に固有の原理と一般的な公理から、その領域を具体的に性格づける属性を演繹して行くことによって成る、と。このように予測した場合、類は現代流に言って個々の個別科学がカバーする固有の領域である。しかるに、その領域は理論が前提する固有の原理によって決まるという意味において、類は固有の原理をも意味する。この了解は、類が本質を表す抽象概念であるとする了解にも、きわめて自然に適合する。事実、第七章の議論の展開においては、算術と幾何学の類的な区別が語られ、論証は類を超えてはなされ得ないことが主張される。さらに『トピカ』では、そのような知の領域が実際に類の名称の下に押さえられている（*Top.* Γ1. 116a16）。

ここで特に注意さるべきは、ὑποκείμενον の用語法である。[12] この単語は通常は質料的な物質を表し、『カテゴリー論』においてはその線上に個体実体の謂として用いられているが、ここでは特にそのような術語的な意味はなく、文字通り「基礎に措定されたもの」なのである。このことは（B）における対応表現からも明らかである。すなわち、（B）では、類は「存在するとして措定される（τὸ εἶναι τιθέναι）」（十章ではさらに続いて「基礎に措定される（ὑποτίθεσθαι）」（76b17, cf. B14. 98a2-3））。岩波旧版『アリストテレス全集』にある「基礎に措かれる」という訳語も、このような理解の上に立つものであろう。[13] この場合、その意味内容は、最初に指摘された「論証の結論」との対照から、「論証の出発点に措かれる」ということになろう。そうなると、これは文字通りの仮設、それも原理的な仮設（基礎定立あるいは略して措定（ὑπόθεσις））であって、その意味で類に全面的に重なることになる。このような仮設は実際にアリストテレス自身が主題的に掲げる処であって（A2. 72a14-24, cf. A10. 76b23-77a4）、前節でも論じたように、基体の内実に通底するものである。

しかし、ここに掲げたアリストテレス自身の述べ方からすると、このような知識論的な了解には、一つの語句解釈上のアポリアが付きまとう。ὑποκείμενον が受動分詞形であるにしても、それとは別に、この一段の文脈はやはり基体的な意味を帯びるのである。

それは、問題の類の扱い方による。（A）では属性は「特定の類に内属する（ὑπάρχον γένει τινι）」とされているのであるが、動詞 ὑπάρχω の用語法からすると、ここに与格目的語で示された「特定の類」は、どうしても基体的に理解されざるを得ないのである。与格目的語をとる ὑπάρχω は、与格で示されたものが ὑπάρχω の文法上の主語である属性にたいする実質上の主語（個体実体）であることを示す。この用語法は、特にアリストテレスが『分析論』全篇を通じて意図的に確立したものである。こうした事情の下で考えるなら、ここで類が

「存在するとして措定されている」と形容されているということは、かえって類の基体性を強調するとも言えるのである。

「類」に対するこのような把握は、さらに（A）において「その類の属性と自体的付帯性」と表現されている処にも認められる（この把握は（B）にも認められる）。属性や付帯性ということは、その本来の用語法からすれば、抽象的な類概念に対して考えるよりも、たとえば個体実体に認められるような基体的な性格に対して考える方がよほど自然であろうからである。

以上二点の問題性は、『形而上学』第三巻二章の論証に関するアポリアを論ずる一節からも確認される。そこには（A）（B）とほぼ類似した表現が採られているが、いま追求してきた類の性格は、問題の ὑποκείμενον の性格づけと相俟って、さらにはっきりと見て取られる。

（C）もし諸原理にかかわる論証的な学があるとすれば、そこには特定の類が基体として措定されていなければならず、また、諸原理の或る者は属性であり、ある者は公理ということになろう。（*Met.* B2. 997a5-7）

（D）……論証的な学はすべて、特定の基体について、自体的属性を共通想念（公理）に続いて研究するからには。実際、同じ類について自体的属性を同じ想念（公理）に基づいて研究するということは、同じ一つの学の仕事である。（*Met.* B2 997a19-22）

（C）は諸原理について論証的操作を適用した場合には、論証の三契機が諸原理に対しても考えられなければならない、と問題を持ち掛けている一段であり、発想は（A）（B）と全く変わりはない。ここにはまるで（A）

と符合するかのように、τι γένος ὑποκείμενον なる表現も採られている。その限りでは、ここの ὑποκείμενον も、いま（A）に見たように、ὑποτίθημι の受動分詞形と解釈されよう。しかし、同じ文脈にある（D）においては、この両者は別々に切り離されて、それぞれ独立に語られている。（D）の ὑποκείμενον は、単独で使われているところからしてもやはり名詞で、属性を支える基体を意味する。それに対応して言うならば、類の方も、同じ構文で語られているかぎり、どうしても基体的な意味に性格づけられていると見なければならない。この性格規定は当然（C）の方にも跳ね返って利いてくるわけで、そうなると、問題の τι γένος ὑποκείμενον なる表現も、かえって逆に類の基体性を確認することになるわけである[14]。これは、（A）において、ὑποκείμενον がかえって類の基体性を強調することにもなりうることに呼応する。

　このアポリアに正面から応えるには、ここに言う類を類の内に認められる個体の謂いに読み替えて辻褄を合わせる以外に方途はないようにも思われる。それは（D）の岩波旧版『アリストテレス全集』において「同じ類のものについて」とさりげなく補われている処であるが[15]、（A）（B）については主題的に提示されているだけにそうもできず、たとえばバーンズが論証された結論命題の主語であると強調する処でもあろう（バーンズは（A）の ὑποκείμενον に述語的な主語の意味をはっきりと認めている）[16]。これは大多数の翻訳で曖昧に「主語」を充ててきた解釈の伝統をはっきりと自覚的に継承する敢行と言うべきかもしれないが、内容的には自ら本質論の視座を放棄することを宣言するようなものである。よく言っても個体実体の存在論的優位に全面的に依りかかる常識的な措置であり、前節で述べたように個体そのものの意味が紛れる論証の場においては全く無力でしかない。

　このアポリアについては、私は、（A）の叙述は必ずしも類に関する個体実体的な把握を強いるものではないと考える。（A）で要請されていることは、類の中に何らかの基体的な意味を認めようということだけである。

個体実体的ということと基体的ということは、概念的に異なる。個体実体は何らかの基体たりうるが、基体は必ずしも個体実体だけではない。バーンズの継承する伝統的な理解の誤りは、基体として両義性のままに留めておくべき処を、個体実体にまで限定して主張してしまった点にある。これは伝統的な主語主義に基づく偏見の現れと言ってしまえばそれまでであるが、その規定には、基体に対する問題関心の希薄さがあったと言えるのではないだろうか。かかる状況においては、個体実体をも属性の基体として——それが基体である限りにおいてのみ——射程に採り込もうという（A）の ὑπάρχω に示唆されている方法論的な措置は気付かれようはずもなく、そこから属性そのものに対する関心も反らされることになってしまったのである（事実、伝統的な理解においては、いま論じてきたような ὑποκείμενον に関する問題設定は全くなされていないし、属性に対する本質論的考察もなされていない）。

類の性格規定をこのように理解するならば、このアポリアはもはや初めに予測した知識論的な理解を排除するものではないことが明らかになる。このアポリアが戒めるのは、論証の三契機を単に体系化のための形式としてのみ理解する抽象的な思考態度である。（A）に提示された ὑποκείμενον γένος なる表現には、単に「基礎に（あるいは、出発点に）措かれる類」とするだけでは済まない意味が込められていたのである。このアポリアは、ὑποκείμενον の基体性に注目することによって、ὑποτίθημι されたものの基体性の確認を迫るのである。そして、それによって、形式的に構成された個々の知識体系は、事実に即した実質的な意味が充填されることが期待されるのである。

以上の方法論的な思想は、単純に、類の基体性の提示としてまとめられる。このアポリアは、類の基体性を一つの問題提起として突き付けたのである。そして、この問題提起の内に、前節で主題的に論じた本質論の拡張が示唆されているのである。

第二節　基体的内属性

類の基体性を具体的に了解する糸口をなすのは、『後書』第一巻九章の次の一節である。ここでは（A）と同じく ὑποκείμενον γένος なる表現が採られ、しかもその類は内容上体系的知識の領域であることは明らかであるから、当面の問題に応えるにはきわめて幸便である。

（E）もしそうでないならば、〔つまり類が同じでないならば、論証はなされないであろう〕。ただし、例外的に、ハルモニア論は算術によって論証される。そのような性格のものにおいては証明は同様になされるが、〔質的な〕違いはある。〔観察される〕事実は別種の知識の主題であるが（基体として措定される類が別なのだから）、原因は自体的属性を主題にする高次の知識の主題となるからである。（A9. 76a9-13）

これはハルモニア論において観察される事実の原因が算術の原理によって説明される関係を語るものである。すなわち、高音と低音の間に現れる調和の事実は、ハルモニア論において、その二音の弦長比として1:2、2:3、3:4の整数比が存在する事実を示すことによって原理的に説明される（cf. B2 90a18-9）。ここで整数比はハルモニア論の原理であるが、それを数であるかぎりにおいて理解すれば算術の主題であって、ハルモニア論はそれを具体的な事実の場に適用したとされるのである。

ここで注目さるべきは、アリストテレスがこのような事態をいわば共通の了解事項として押さえた上で、それを基体の違いとして説明している点である。それでは、問題の基体とは何なのか。この文脈ではアリストテレスはそれを明言しないけれども、ハルモニア論の場合は『形而上学』M巻三章の一節から、それが「音声」であることが知られる（*Met.* M3. 1078a14-16）。音声は、たしかに二音の調和という現象に対して第一義的に採られた物質の状態である（二音の調和を共鳴、音声を音波として理解するならば、この間の事情ははっきりと了解されよう）。算術の場合は、――これは直観的にも思い描きにくいし、アリストテレス自身も故意に言及を避けている節も見られるが、（B）と同じ文脈にある次の一節から、はっきりとした見通しが得られる。

（F）存在するとして容認されるもの、それについて学知は自体的属性を考察するのであるが、それは［それぞれの学知の領域に］固有である。たとえば、算術はモナスを、幾何学は点と線を容認する。（A10. 76b3-5）

（B）の表現と照合すると「存在すると容認されるものは類であって、それはまた（A）から「基体として措定される」ことが分かる。ここでは、「類（領域）に固有である」とされている処から、とくに類を成立せしめる原理となる特別の単位として想定されていると見られよう。例示されたモナスや点と線は、それを傍証する。さらにモナスは、関連する第二章では、「存在するとして容認された」上で措定された定立、つまり基礎定立（措定）とされている（A2. 72a19-24）。このように周辺を固めると、算術の基体は、モナスを基礎定立として容認される数（自然数）と言う実在であると判明する。これは、偶と奇という属性が数に対して自体的とされたとき

（A4. 72a39-40）、その数なる実在は基体的に理解されているという了解に呼応する。

ハルモニア論と算術の関係に並んでアリストテレスが好んで挙げる例は、光学と幾何学の関係である。それぞれの基体は、光学においては視覚内容（*Met.* M3. 1078a14-16）、幾何学においては点と線、さらにはそれによって構成される図形一般である。幾何学における基体は、幾何学の数学の内における特殊性の故に算術における基体よりもはるかに考え易く、また、それだけにアリストテレスも好んで例示する。やや異なった脈絡においてではあるが、『形而上学』Δ巻の用語解説においては、基体的に理解された類の例として図形に対する平面と立体とを挙げている（*Met.* Δ28. 1024b1-4）。

さて、以上の例から判断すれば、「基体として措定された類」の違いとは、単に知の領域の違いを言うだけではなくて、その違いが知の対象の在り方（それぞれの対象の存在の意味）の違いに依るとされていることが分かる。類の基体性は、ハルモニア論や光学におけるように、類が質料の特定の状態に即して採られている場合には、はっきりと見て取られるのである。それとの類比で考えると、物質的ではない算術においても、特に数学的実在として理解される特殊な存在の局面が浮かび上がるのである。これは、つまりは、類が問われるかぎり、物質的ではないはずの数学においても何らかの基体が想定されなければならないということである。これは、数学的実在にも、その素材として思惟的質料という特殊な基体を想定するアリストテレスの方法論的発想に通底するものである。(17)

それゆえ、問題の「類が基体として措定される」という表現は、その意図《こころ》は、「基体が類として措定される」と読まれる。これは、言うならば、本質論の拡張の一つの具体的な方法である。そして、この方法の有効性は、ハルモニア論や光学が成立しているという事実自体が示している。このような知の領域が、物質の一定の状態に即して、――つまりそこにおいて認められた特別の現象の自体性が保証されたかたちで――成立したということは、ここでは「数学の抽象的な理論が応用数学というかたちで経験の領域に浸透したという以上に重要な意味を担うのである。ここに数学が引き合いに出されているのは、数学の知の必然性が、類的発想をさらに強度に本質論的に際立たせる故と見ることができる。

このように見てくると、わざわざハルモニア論や光学というように改まって学の形式を採るのではなくても、類は基体の内に認められる現象を原理的に説明しようとする際に、常に現れる概念的な制約であることが分かる。基体が現象に対して第一義的に採られれば、当の現象はその基体を原理にして説明される余地が生ずるからである。たとえば、二音の調和の事実は、音声を類に採るならば、その類の自体的属性と評価され、そこから、音声という基体の内に存在する比例関係として原理的に説明される。

同じ着想は、原因概念に対する処理の内に見て取ることができる（cf. *Met.* Δ18. 1022a18-22）、ここでは基体と原因が並置されている[18]。既に第二章で詳論したように、アリストテレスの論証の思想は、自然学的な原因究明を定義による本質規定に変換しようというものであった。そのための具体的な方法は、原因―結果の関係を基体―自体的属性の関係として解釈することである。ここに言う原因は自然の内に生ずる物質の状態ないしは関係（落葉に対する樹液の凍結、月蝕に対する遮蔽）であって、それ故に、結果である事象は、当の状態（関係）の自体的属性として位置づけられる。このとき状態（関係）は基体なのであるが、自体的属性を表す概念に対しては類として性格づけられる。アリストテレスも指摘するように、こういった状態（関係）は、たしかに類的な一般性でもって実在している（B15. 98a24-29）。ここに言う類の思想は、このような自然学的な事実に方法論的に注目して、論証の思想の概念的な実現を期するものとも言えるのである。とくに、前節でも指摘したように、『後書』

の課題が理論知の演繹体系の構成にあるのではないと見るならば、論証という特別な知的操作の内実として残るものはこの問題である。

しかし、私は、ここではさらに問題を一般化して、類を問うにあたっても、いわゆる内属性として性格づけられる性質一般の形式で考えてみたい。内属性とは基体に内属する性質の謂いにして（アリストテレス自身の用語としては『カテゴリー論』第二章の「何らかの基体の内にあるもの」*Cat.* 1a23-b3）、とくに基体の概念とは切り離すことのできない存在の局面であるからである。これは『カテゴリー論』における術語であるが、それとの関連で考えれば、『後書』では特にそれが自体的に述語される条件を求めて、基体に対する制限（「第一義性」）が講じられていると見ることができる。

もっとも、内属性一般にまで視野を広げると、ただちに新たな別種の困難も現れる。それは、内属性となると、『カテゴリー論』にはっきりと例示されるように、魂に内属する場合も一つの有力な場合として想定されており、基体は単に物質の状態としてのみは説明されないこと、また、物質の状態に限るにしても、アリストテレスの挙げる例は「白」に限られていて、性質一般として採り上げるにはやや偏っており、第一義的な基体とされる「表面」だけでは物質の状態一般を語るには特殊すぎると思われること等である。つまり、内属性の問題設定はただちに拡張は許されないかに見えるのである。しかし、この難題に対しては、私はまず、基体が第一義的に採られたならば、基体が魂か物質かの違いはさして重要ではないと考える。魂に内属する場合は、魂を質料的に理解しているのではなくて、物質の場合からの類比によって説明されると考えられるからである。要は、何者かに「第一義的に」内属するという点が重要なのであって、物質に内属する場合が特に論じられているのは、そこには分かり易い例が認められるからと見るのである[19]。さらに、質料的な性質の例が「白」に限られている点については、色に関するアリストテレスの特殊な色理解を踏まえると、[20] それが基体の特定の状態に必然的に伴う現象の適例であることが知られるのである。

追認のかたちになるが、次に色に関するアリストテレスの理解を理論的に再構成して、「白」が「表面」に自体的に述語されると言われる際の実質的な意味を明らかにしよう。

第三節　アリストテレスの色理解

色に関する理論的な叙述は、『霊魂論』第二巻七章と『自然学小論集』に収められた小論「感覚と感覚されたものについて」（以下「感覚論」）第三章にまとまって見出される。さらに、偽作の疑いの濃い『小品集』に収められた「色彩論」も、個々の色に関する具体的な捉え方を知るのに好便である。『霊魂論』と「感覚論」とでは、理論の統一的な理解は損なわないにしても、基本概念の述べ方に大きな隔りがある。それゆえ、ひとまずそれぞれの叙述をパラフレーズして示し、その上で一つの理論構成を試みることにしよう。

『霊魂論』においては、色はまず端的に規定される。それによれば、「色はそれ自体として見られるもの（すなわち表面）の上にあるものである」（418a29-30）。「それ自体として」という限定については、「定義によってではなくて、自己自身の内に見られるものであることの原因をもっているという理由によって」（418a30-31）の謂いであるとされる。これは『後書』第一巻四章の自体性の第二義（基体に対する固有性）に対応する。ここに言う原因は、第一義的に採られた基体の状態に基づくものと解釈されるからである。定義と対比されている点においても、発想の形式の一致は窺われる。

それでは、その原因とは何か。いかなる基体が想定されているのか。それは、すぐ後に論ずる透明体(διαφανές)なる特殊な物質であるはずなのであるが、当面の『霊魂論』の文脈においては現れない。『霊魂論』第二巻七章ではかかる原因に関する原理的な検討は回避され、代わって経験科学的な性質が叙述される。すなわち、「色は現実態において在る透明体を動かす力を持ったものであり、このことが色の本性なのである」(418a31-b1)。透明体の概念は今も触れたように色の存立の必須の契機をなすが、ここではとくに知覚対象である表面の色が目に知覚される際の媒体として性格づけられている。

ところで、透明体とは「空気や水や多くの個体（ガラス質の物体）」であるが[21]、特にそれがこの脈絡で持ち出されるのは、それらに内在する「或る同一の本性」が注目される限りにおいてである(418b5-9)。かかる「同一の本性」が「現実態において在る」とは、光が隅なく充満し、一点の翳りもない状態を言う。すなわち、「光は透明体である限りの透明体の現実態である」(418b9-10)。さらに、光については、「光は火による透明体における色のようなものである」(b11-12)。また、「光は透明体における火の臨在である」(b16-17)。ここに言う火とは、光源すなわち太陽のことである。このように、『霊魂論』第二巻七章の主題は光の方に映されていて、色については、光なくしては見られないことが、繰り返し強調されるだけである(419a9-11)。

このような透明体が色を動かすとは、言うなれば百パーセントの明るさにある透明体の状態（即ち「白」）を、その透明体に接する表面の上にある特定の色が当の色に対応した状態に変容せしめる、ということである[22]。そして、その色が見られる場合には、透明体のもう一方の限界は目に接している。表面の色は、その表面に接する透明体の状態を変容せしめることによって、もう一方の表面（目の表面）にまで伝わるとされるのである。このように、透明体は、音が伝わる際の空気と同じ働きをする媒体である。この場合、透明体は、それぞれの色に対応した状態を採りうる可能態である。

ところが、「感覚論」第三章においては、透明体はむしろ対象的に論じられる。つまり、『霊魂論』第二巻七章で巧みに回避された「或る同一の本体」そのものが、主題として採り上げられるのである。そこでは、透明体は接する色によって状態を変容せしめられる媒体である以前に、当の色として対象の表面に現れる物体の内的状態である。見られるものにはすべて、かかる透明な或る同一の本性もしくは能力が内在しているということである(439a21-25)。このような視角から採り上げられた透明体という状態こそ、語の本来的な意味で先に言及した見られることの原因(418a31)であると言えよう。結論部の一節は言う。

(G) したがって、透明体は多寡の違いはあるが物体の中に在るのであるが、そうであるかぎり色を備えせしめる。色は限界の内に在るからには、透明体の限界の内に在ると言えよう。それゆえ、色は限定されたそれぞれの物体の内に在る透明体の限界ということになろう。(*De Sensu.* 3 439a26-30)

このような対象的な把握は実際問題として、『霊魂論』の媒体としての把握とは、かなり違っているものと思われる。媒体としての把握は、いわば自然科学の仮説として素直に受け入れられるのに対して、対象的な把握の方は、個々の元素を超える特殊な物質(形而上学的物質?)の要請を思わせるからである。しかし、透明体が原因として働いているからには、やはり対象的な理解に基づいた統一的な説明が要求されよう。この問題に関しては、実はアリストテレス自身も、確信の行く解答は用意していなかったと思われる(『霊魂論』において原因としての説明を回避したのもその現れであろう――もっとも事実問題の範囲内での議論なのだから、その回避は何ら欠陥にはならないが)。それでも、次の一節は、この問題に関して示唆する処が大きい。

(H) そこで、物体には必ず或る限界が無ければならないのであるが、この本性(透明体の本性)にも〔限界が無ければならない〕。――もっとも光の本性は限界の確定しない透明体の内に在るのだが。しかし、物体の内に在る透明体には、ある限界があるであろうことは明らかである。そして、それが色であることも、結果的な事実から明らかである。(*De Sensu.* 3 439a26-30)

ここで注目さるべきは、光の本性に関する但し書きである。ここでアリストテレスは、透明体が限界のはっきりとした固体である場合と、限界の確定しない基体(液体)の場合との実際上の違いに、大きな注意を払っていることになる。そこから、限界が確定しない場合には、色も確定しないともされる(439b1-5)。しかし、それ以上に重要なのは、この但し書きが、色が明るさに満ちた透明体(空気)を媒介にして伝わる場合に補足的に言及したものと解釈される点である。つまり、透明体が媒介として働くのは、このような基体(液体)の場合の特例であるというわけである。光を透明体の現実態であるとする『霊魂論』の主張と思い合わせると、この解釈は必至である。この場合は、限界が確定しない故に、その都度の対象に接する面と目に接する面とが限界として機能するとされよう。かかる透明体は、それが接する表面の色によって状態を変容せしめられているので、対象に内在する透明体と同じ状態になっていることになろう。

さて、以上の統一的な了解の上に、この場合の類（色）の基体性を具体的に考えてみよう。その糸口は、（G）でアリストテレスが色を透明体の限界そのものであるとしている点に求められる。色が限界において在ると語ることは、実質上は、色が限界であるとすることと変わらないことになるからである。この点は、（G）に先行する一節でも確言する処であり、また、ピュタゴラスの徒が表面を色であるとした事実も例証的に言及されている（439a30-32）。

もっとも、この論点に関しては、反証になる発言も見られる。それは、ピュタゴラスの徒に関する言及のすぐ後につづいて、ἔστι γὰρ ἐν τῷ τοῦ σώματος πέρας, ἀλλ᾽ ου [τι] τοῦ σώματος πέρας なる一節が掲げられているからである。ロスにしたがって τι を削除して読むと、「ものは物体の限界の内に在るものでこそあれ、物体の限界〔そのもの〕ではない」となる。ロスは単純さに固執するのである(23)。しかし、ここは τι を生かして（これを採ることは写本上可能である）、岩波旧版『全集』の訳文にあるように、「物体の限界は何ら独立性のあるものではない」と読むこともできる(24)。これに続く一節が「外部に色として現れているのに対応する同じ本性が内部にもあると考えなければならない」（439a32-b1）と語られる処から見れば、τι を生かす方がはるかに自然である。

この場合、表面が色であると言っても、もちろん自然的な事実として表面が色一般であるとするわけではない。事実上は、表面の個々の固有の状態が、黄色なり紫なりに色づいていると言うに過ぎない。この限りでは、これはとくに積極的な主張ではない。しかし、表面が語られる時には、いまも論じたように、常に透明体という可能的な状態が前提されている。かかる状態は、色一般に対する類的な実在である。それゆえ、表面が即ち色であるとする主張は、概念的には、表面を語ることは色一般を語ることに等しいと理解することができる。「表面が類である」とは、かかる意味においての主張なのである。

さらに、類の基体性の所以は、かかる透明体に求められる。表面は個々の色の第一義的な基体であるが、実質的には、透明体に応じて決まるものであるからである。しかし、対象に内在する透明体はあくまでも内部の状態で、それとしては取り出され得ないのであって（取り出したなら表面になってしまう）、概念的には、やはり、表面としてしか語られないのである。我々は、安心して、表面を基体でありさらには類であると語ることができるのである。

以上のようにアリストテレスの色理解を整理してみると、「白」が「表面」に自体的に述語されるという主張の内実ははっきりと知られるであろう。個々の色は、数における偶と奇や線における直と曲にも並び称されうる「必然的」な性質なのである。アリストテレスが内属性の例としてまず色を挙げるのも、経験的な性質で「必然的」とも評価されうるものは色を措いてはそう簡単には思い当らないであろうことからも至極もっともなことであると肯かれるのである。

註

（1） D. R. Sorabji, Definition : Why Necessary and In What Way?, *Aristotle on Science, The ‹Posterior Analytics›*, ed.by E.Berti, Padova, 1981, pp.205-44.

（2） *Ibid.* pp.213-14

（3） これはオーエンの論文「内属性」（G. E. L. Owen, Inherence, *Phronesis* vol.10, pp.97-105）以来の問題点であるが、その点を

めぐる執拗な議論の展開は、「アリストテレスの言語空間」(『根拠よりの挑戦』東京大学出版会、一九七四年)以来の井上忠の一連の論文(『哲学の現場』勁草書房、一九八〇年)の内に見て取ることができる(特に「個と種」、「個体論再考」、「内属性」)。本章の理解は当書に負うところが多い。

(4) J. L. Ackrill, *Aristotle's Categories and De Interpretatione*, Oxford, 1962.

(5) *Ibid.*, p.88.

(6) G. H. L. Owen, ibid. pp.99-100.

(7) Ibid., p.98.

(8) 「しかし彼はなんの根拠もなく、「白」を「類」に対比し、「当のある白」を「個」ではなく「種」の位置に比定しながら、これを無理に「個」と称した」(『哲学の現場』二二八頁)。しかし、これは、オーエンの趣旨(λευκόν を明るさ一般を表す色と解する捉え方)を故意に無視するきわどい発言と言わなければならない。当箇所のオーエンの意図は「ヴィンク」の種的な在り方を示唆する点にあるのだから、井上流に言えば、むしろ基体に制約された「当の白」にこそ〈種〉としての「摑み」の機能が認められる、と言えるのではないか。

(9) 同二二九頁。

(10) 『根拠よりの挑戦』二九九頁。

(11) 同三〇八頁。

(12) この一句(τὸ γένος ὑποκείμενον)をいかに訳すかが本節の直接の課題である。手許にある諸家を参考のために掲げておく(関連する(e)における現れをも付記する)。これらには共通の訳語が期待されるのであるが、諸家はそのようにはしていないようである。

Pacius (1584) : (a) genus subiectum, (b) genus (Id est, subiectum, (e) subiectum genus.

Rolfes (1922) : (a)die Gattung,das Subject, (b) Gattung, (e) die zugrunde liegende Gattung.

Mure (1928, Oxford Tr.) : (a) subject-genus, (b) subject genus, (e) subject genus.

Ross (1949) : underlying genus, (b) subject, (e) cubject genus.

Tredennick (1960, Loeb) : (a) the underlying genus, (b) the underlying genus (ie.genus), (e) the subject.

Barns (1975) : (a) underlying kind, (b) kind, (e) underlying kind. genus.
Tricot (1979) : (a) le gerne, le sujet, (b) le gerne, (e) le gerne qui sert de sujet.

（13）加藤信朗訳、岩波旧版『全集』第一巻、六三八頁。

（14）この点についても、手許にある翻訳を対比して掲げておく。
Ross (1908, Ox.Tr.) : (c) underlying kind, (d) some subject, one class of things.
Rolfes (1928, Bibliothek) : (c) eine Gattung zugrundliegen, (d) eine Subjekt, die derselben Gattung
Tredennick (1933, Loeb) : (c) some underlying genus, (d) some definite subject matter, the same genus.
Tricot (1966) : (c) un gerne servant de substrat, (d) un sujet determine, meme gerne.

（15）出隆訳、岩波旧版『全集』第一二巻、六六頁。

（16）J. Barnes, *Aristotle Posterior Analytics*, Oxford, 1975, p.128. ちなみに言えば、従来のほとんどの解釈はこの視座からなされてきたために、問題設定の方向が逆になっていて、本章のような問題提起は全くなされていない。しかし、それでは、『後書』の当該箇所における個別科学の領域としての類は、まったく説明されないことになってしまう。

（17）Cf. S. Gaukroger, Aristotle Intelligible Matter, *Phronesis* XXV No. 2, 1980, pp.187-97.

（18）ただし、ここで直接併置されているのは質料であり、原因は別項目に掲げられている。しかし、そこに言う原因が目的因と条件因であることから、質料因はこの質料即ち基体の内に想定されていると解釈することができる。

（19）Cf. C. Kirwan, *Aristotle's Metaphisics Book ΓΔE*, Oxford, 1971, pp.169。ここに言う自体性が『自然学』に言う運動における自体性（E1. 224a26-30, Th4 254b8-12）と対照されるとするならば、内属性の基体が魂である場合は、また別の一つの特殊な場合として想定されていると解釈される。

（20）この問題については、次の著書の指摘に負う処が大きい。――P. C. Maxwell Stuart, *Studies in Greek Colour Terminology*, vol.1, Leiden, 1981.

（21）『霊魂論』における透明体の導入は、いささか唐突である（「ところで何か透明体とでも言われるものがある」418b4）。ロスも somewhat hastily と評する処である（S. D. Ross, *Aristotle De Anima*, Oxford, 1961, p.242）。本節で論評したように、アリストテレス自身扱いかねている事情が察しられる。

（22） R. D. Hicks, *Aristotle De Anima*, Arno, 1976(1907), p.367.

（23） S. D. Ross, *Aristotle Parva Naturalis*, Oxford, 1955, p.197.

（24） 副島民雄訳、岩波旧版『全集』第六巻、一九一頁。あるいは、ロエブの訳では、but this limit is not a real thing（W. S. Hett, *ibid.*, pp.231）となっている。

第四章　定義と存在問題
――『分析論後書』の究極の問題点――

『後書』の論証の思想を著しく晦渋にしている理由の一つは、アリストテレスがそこにおいて公理論的な演繹の過程そのものの内に、外的対象との関わりを初めから必須の契機として前提的に認めている点にある。言うなれば、ここには公理論と経験論の対照にも対応する方法論的に相容れない二つの視点が共存しているのである。これは、そもそも自然の事象の原因究明を本質論的に再構成しようというアリストテレス本来の問題関心に基づく遂行である。

このことは、自然の叙述を強引に出来合いの演繹形式に押し込めるというような粗野な操作を言うものでは、もちろんない。本質論的な再構成は、公理論的な体系化とは全面的に異なる。自然の事象の記述の公理論的な体系化などというものが初めからありえないということは、アリストテレス自身がよく承知していたところであろう(1)。

それでも、これが演繹を考えるに際して余計な課題を背負い込んでいることには、変りは無い。それは、演繹の原理として、いわゆる公理論的な諸概念に加えて、とくに意味論的な概念である定義が付加されているという構成にも現れている(2)。ここでは、定義は、実体の定義である以前に、その意味論的な資格をたえず問われる問題概念である。この論点には、従来はあまり関心は払われてはこなかったように思われる。本章では、私は、まずこの問題が成立することを『後書』のテキストに即して明らかにして、それに対するアリストテレスの応答の跡を探ろうと思う。

このような問題提起を示唆する術語は、ὅτι ἐστι と τί σημαίνει である。τί σημαίνει（「何を意味するか」、略して「意味」）に対しては、当然その語形から予想されるように、τί ἐστι（「何であるか」、すなわち「本質」）に通ずるが、とくにその言語表現上の形態を言う。ὅτι ἐστι（「在るということ」、すなわち「存在」）は、その指示対象の有無について言われる。この両者は、『後書』では、ほぼ両者相俟ったかたちで現れている。

この問題は、突き詰めれば、言葉は対象を正しく指示できるかというプラトン的な（同時に現代論理学的な）アポリアに帰着する。しかし、アリストテレスは、独自の構想の下に、それに一定の回答を与えている。本章の考察の目的は、アリストテレスのテキストを首尾一貫したかたちに再構成することにより、その回答をはっきりと浮かび上がらせる点にある。

これまで、第二章では、自体的属性が学知の必須の対象であるのみならず、哲学的に言っても問題の焦点をなすことを縷々論じた。そして、前章ではその自体的属性が、類概念を契機として基体性と切り離され得ない点に注目して、論点を類と基体の概念の検討に絞った。本章では、それを承けて、自体的属性に認められる本質論上の特質がいかに定義として組織化されるかを明らかにしたい。

第一節　存在と意味

ὅτι ἔστι と τί σημαίνει に関する理念的な問題提起は、『後書』開巻早々第一パラグラフの終わりに、さりげなく提示されている。『後書』では、冒頭でまず既知からの出発とも言わるべきテーゼが掲げられるのであるが、そのテーゼが説かれた後で、補足的に、予め知られた知識と言っても ὅτι ἔστι（存在）に関するものと τί σημαίνει（意味）に関するものとの二通りが考えられると付加説明される（A1. 71a11-13）。そして、その例が、次のように示される。

（A）たとえば、すべてについてこれを肯定するか否定するかのいずれかが真であること（排中律）は、〈何かが〉存在することに関して予め基礎に容認されることである。また、三角形に関してはそれがこれこれのことを意味するということが予め理解されていなければならない。しかるに、モナスについては、その両方、つまりモナスが何を意味するかとモナスが存在することを予め知ることが必然である。この両者は、それぞれ我々にとって同じ意味で明らかなのではないからである。（A1. 71a13-17）

（B）前章前篇第一節（A）（A2.72a14-24. これらの例は、『後書』では第一巻二章においても、論証の原理となる直接的（非論証的）な前提命題が組織化される文脈に、ほぼ同じ形で受け継がれているのだ。再度その要旨を確認すれば、両者はまず定立（θέσις）の概念の下に導入され、前者は「〈何かが存在するか存在しないのかの一方を容認する〉もの」として基礎定立すなわち措定（ὑπόθεσις）とされる。後者は「そういうことのないもの」として定義すなわち措定（ὁρισμός）とされている。モナスの例も、同様に提起されている。）

このように通覧してみると、（A）で存在措定の例として排中律が提示されていると言うことは、きわめて意図的な措置であるということが分かる。ここでは排中律は、思考の原理としてではなくて、はっきりと存在の原理として想定されている。排中律によって示される存在は、命題の真偽が一意的に決まる世界における存在、いわゆる二値原理に従う存在である。アリストテレスは、（A）において在るか無いかとして識別される端的な存在の知をまず提示して、それを（B）において論証の原理となる存在措定として組織化しているのである。それは論証される個々の領域における実際上の原理概念（たとえばモナス、算術の原理の1）が存在と意味の両側面から容認されなければならないことから、はっきりと区別される容認である。端的な存在の事実を容認するということは、モナスのような具体的な対象を容認することとは次元を異にする原理的な操作なのである。

ここで、改めて、アリストテレスにおいては、矛盾律は、それを弁駁的に擁護する『形而上学』Γ巻において、客観的に実在する不生不滅の「或る別種の実体」（1009a37）、「或る不動の実在」（1010a34）を認めることによって初めて了解されるとされていることに注意を促しておきたい。この実在はΓ巻の末では、「第一の不動の能動者」（1012b31）とも表現される。このような表現は通常では排中律や矛盾律が論じられる文脈においてはそぐわない印象を与えるかも知れないが、アリストテレスにあっては「第一の不動の能動者」はけっして物質的には了解されていないこと、「不生不滅の或る別種の実体」がパルメニデスの「存在」（論理学的に前提されている客観的実在）に連なること等を想うなら、むしろ文字通りに受け容れられなければならないことが了解されよう。このことは、排中律の示す二値原理が客観的な実在論の条件をなすという論理学の了解に符合する。ここでは、アリストテレスは、存在を考える極限的な位相に立っている。
このような極限的な容認は、『後書』の原理論の文脈においては、「存在するとして措定される類」（A10. 76b12-3, cf. A7. 75a42-b1）において認められる（類に関してなされる ὑποκείμενον という形容は、かかる存在措定の思想を伝える概念として理解さるべきである）。モナスとは、実はかかる類の内の原理である。もちろん類的な領域と言っても対象として目の前に拡がっているわけではなくて、原理から演繹される体系において初めて結果的にそれと知られるものである。だから、その存在に関しても、事実上はそれぞれの原理（モナス）の存在に吸収されている。しかし、類は、そのように内容を伴って規定された原理が実際に働くための超越論的な条件としても理解されうる。その場合には、類は存在するとしてのみ容認される形式である。

　しかし、そのような抽象的な形式を考えるまでもなく、経験的な事象の存立も、それが「肯定されるか否定されるかが真である」かぎり（つまり二値原理に従うかぎり）、「存在」しているのである[3]。存在が ὅτι ἐστι とされる所以である。

　それでは、かかる ὅτι ἐστι に対照される τί σημαίνει の方は、どうか。（B）によるかぎり、τί σημαίνει の知は、ὅτι ἐστι の効力からは完全に切り離されて、独立に提起されている。すなわち、（B）における定義は、その対象とは関係なく考察されている意味規定で[4]、その存在を主張するには、もう一つ、存在措定なる別種の原理的な手続きが要求される。このことは、同趣の思想を確認する十章[5]においても基調として押さえられていて、「定義はただ理解されさえすればよい」（76b36-37）とまで言われる。これは、定義に関する著しい名目論的な把握に見える。

　しかし、このような名目論的に見える把握は、実はそのまま意味の領域の独立性の主張に連なるのである。たとえば、原理を具体的に論ずる十章の書き出しの一節は、次のように言う。

（C）私の言う個々の類の内の原理とは、その存在を証明することのできないもののことである。ところで、第一の原理とそこから派生する属性が何を意味するかは、容認される。しかるに、その存在に関しては、必然的に、原理の場合には容認されるが、その他の属性の場合には証明される。たとえば、モナスの意味、直や三角形の意味、さらにはモナスや大きさの存在は容認されなければならないが、それ以外〔の属性の存在〕は証明されなければならない。（A10. 76a31-35）

この一節の構成は見かけ以上に複雑なので、念のためパラフレイズしておきたい。構成の縦糸をなすものは、問題の ὅτι ἐστί（存在）と τί σημαίνει（意味）の対照である。しかるに、ここでは原理とそこから派生したもの（一括して属性と言っておく）の対照も、それとは独立に働いている。そこで、存在と意味とはそれぞれ原理と属性について考えられなければならなくなるわけであり、形式的に四つの場合が成立することになる。そして、それぞれが、容認されるか証明されるかに区分される。(6) すなわち、

存在は原理に関しては容認される（存在措定）
存在は属性に関しては証明される（論証）
意味は原理に関しては容認される（定義）
意味は属性に関しても容認される（定義）

このように一覧してすぐに気付かれることは、最後の場合において思想の形式的な統一性が破られているとい

うことである。つまり、属性については、その存在は証明されなければならないが、意味は原理の場合と同じく容認される、と区別されているのである。ここで特に注目さるべきは、この措置の違いである。ここではさりげなく言及されているかに見えるが、これは実は、アリストテレスが当然の共通了解事項として前提している処と見るべきである。事実、この措置は、（A）の例とも符合する（三角形は原理から派生したものである）。さらに、当十章においては、論証の三契機を示すに当たって、意図的に確認する処である。

（D）すべての論証科学は三つの契機をめぐってなされる。まず、その存在が定立されるもの。これは類であって、探究はその自体的属性についてなされる。次に、いわゆる共通公理。これを第一の原理として、証明はそこからなされる。第三に、属性。それぞれの科学は、その意味を容認している。（A10. 76b11-16）

そこでは、属性の意味は、類の存在や公理と同列に扱われている。同じく三契機が示される七章の冒頭においては属性は論証される結論とされるが（A7. 75a39-b2）、これは第二巻七章で繰り返し強調される処から（後述）、論証されるものは属性の存在であると判断される。（D）では、（C）との照合の上で、文字通りに属性も意味に関しては原理の内に数えられていると受け容れらるべきである。事実、すぐに引き続いて、「自明なものについては属性の意味も容認されるには及ばない」（76b19-20）ともされている。

以上の傍証の上に言えば、属性は、たとえそれが原理から派生したものであっても、証明されたのではなくて、証明に先立って容認される「意味」である。ここでは証明と派生とは概念的に区別される（C）に明言されているように、証明は存在に関してのみ語られる）。意味は証明される性質のものではなくて、何者であれ、存在が語られる際の条件として理解さるべきである。存在するとは「何か（τι）」として存在するの謂であるからには、存在には必ず意味的な限定が先行しなければならぬからである。

このことは、しかしながら、意味という抽象的な対象がイデア的に実在していることを主張する[7]ものではない。ここでは、あらためて個別名辞（意味の荷う核）は指示語ではなくて確定記述に解消せしめられる、という現代論理学の了解が思い起こさるべきである[8]。つまり、意味を確定する説明句は本質規定ではなくて記述句にすぎないのである。それゆえ、意味規定される存在の方も、本質の事例をなす実体ではなくて、クワインの言を借りれば記述句を述語とする束縛変項の値でしかない[9]。このことは、さきに見たように、存在が極限的に存在するか否かとしてのみ提起されていることに符合する。

ここから、定義における存在問題も、はっきりとその所在が突き止められる。すなわちそれは、このように容認された意味を満たす対象の存在の問題である。これはいまも触れたように、論理学的には束縛変項の値として処理される。しかし、このような処理は、問題の消却であって、解決ではない。実際このように言っただけでは、束縛変項ｘの値がその記述句によって確定される保証は何も無い。いや、そういう以前に、記述句は本来ｘの説明であるとは限らないのである。このことは、アリストテレスもはっきりと断る処である。たとえば、第二巻においては、弁証論（後述）の文脈においてであるが、次のようなきわめて現代的とも言えそうな懐疑が突き付けられている。

（E）定義に関する最近の方式によっても、定義する者が存在を証明するものではないことは明らかである。〔円の定義が〕中心から等しい点〔の集まり〕であるにしても、何故それが円であるのか、という問は残る。

人はそれを山銅の定義であると言うかも知れないからである。定義は語られたものが存在することも定義がそれの定義である当のものに当てはまることをも加えて明らかにするものではなくて、何故そうなのかという問を語ることが常に残るからである。(B7. 92b19-25)

これは語「円」が円なる対象を正しく指示する可能性を問うものである。[10] この問に正面から答えることができないならば、(A)で問題提起された存在と意味の対照は、どこまで行っても関係づけられることの無い平行線ということになろう。存在問題は、このようなアポリアの結果として生ずる。

(C)における原理の存在の容認は、かかる存在問題に対する回答として理解さるべきである。形式的には、これは束縛変項xと記述句との結合の必然性を容認するものと解釈される。それはつまり原理の意味を規定する記述句に、そのまま指示機能を認めることである。それは、言わば、記述の本質化である。原理を示す抽象名辞(モナスや点などの個別的抽象名辞)も、存在の容認が一枚加えられさえすれば、そのまま本質を示す名辞として本質論の内に採り込まれるのである。

このような措置は、言わば意味がそれ自体としイデア的に実在することを承認することにも連なるのだから、プラトニズムへの後退を想わせるきわどいものと言われるかも知れない。また、解決が単なる容認によってなされるとすれば、はなはだ安易な、それだけに実行力の乏しい措置ともされよう(実際、ヒンティカは、これを存在解釈(existential import)として、簡単に処理している[11])。それゆえ、ここで存在の容認が主張されても、それはあくまでも表向きの思考の枠組みが示されたに過ぎないと言うべきである。これは一つの方法論なのである。その内実は、それに基づいて展開されるはずの論証の実際の遂行において埋め合わされることが予想される。後に論ずるように、本質論は、このような経緯をたどってのみ、具体的に展開されるのである。

このような問題提起は、くだんの本質論に慣れた目には奇異に映るかも知れない。はなはだアリストテレスらしからぬともされよう。しかし、私は、逆に、本質論についてもこのようなアポリアに答える特殊な議論として理解したい。本質論そのものは、公式的なドグマとしての一面がついてまわる。いま、このような視座を採ることによって、私は本質論についてまわるドグマ性を洗い落とし、本質論を論理的な吟味に耐える理論として再構成する可能性を探ることができる。論証の思想は、実は、かかる問題提起に応じて展開されたものである。

第二節　非存在からの反照

しかし、以上の論理学に依拠した議論の構成は、本質論に言及する以前に、アリストテレス自身の言葉に抵触する。第二巻七章の一節では、アリストテレスは、はっきりと、「人間が何であるかを知るものは、必然的に、それが存在することを知らなければならない」(92b4-5) と断るからである。つづいてよく知られた山羊鹿の例が出される。

(F) 存在しないものについては、人はそれが何であるかを知ることはできないのであって、言葉もしくは名前が何を意味するかを知るだけである。たとえば山羊鹿を語る場合には、山羊鹿が何であるかを知ることは不可能である。(B7. 92b5-8)

これはきわめて常識的な発言であるが、このように持ち掛けられると、反論することは難しい。少なくとも、ここには存在問題は生ずる余地は無いように見える。意味（本質）は存在に関係するとすれば既に存在は前提され、それ以外の場合には初めから存在とは関係しないと受け容れられているからである。

このような問題提起は、また、探究論に固有のものである。事実、探究の布陣を固める第二巻一章と二章にも、同趣の構想ははっきりと見て取られる。そこでは、まず、仮に名づければ、（1）事象の問（τὸ ὅτι）、（2）原因の問（τὸ διότι）、（3）存在の問い（εἰ ἔστι）、（4）本質の問（τί ἐστι）とされる四種の問が並置され、〈事象―原因〉、〈存在―本質〉という対をなす二組のセットにまとめられる（B1. 89b23-35）。ところが、続く第二章では、この二組のセットは〈存在―本質〉の対照に一元化される。ここに言う存在は事象においてSとPを結びつける媒介項となる特別の事態（原因）が何であるかということである（B2 89b35-90a1）。このような布陣においては、事象から原因への遡行や存在から本質への遡行というような単純な類型は認められない。しかし、本質は、少なくとも存在を前提する。それは、原因が、事象の原因であることに対応する。このような問題状況においては、存在と本質がそれぞれ相互に独立に問題提起されるというようなことは考えられない。第一節で探り出された論証の構想は、この布陣によって、端的に拒絶されているように思われる。

探究論からの疑問はしばらく措いて、もう一度（F）に立ち返って検討しよう。（F）が論理学的な存在了解に対する端的な疑問の表明になっているのは、背後のいま述べた探究論の思想が控えているためと思われる。しかし、（F）は、本当に探究論の文脈で解釈さるべき問題であろうか。（F）を含む第二巻七章は、実は弁証論の内になされた議論（論理的な技巧を凝らした極限的な試論）なのである。（F）はしばしば経験論的な証言として言及されるが、往々にしてこの点は見逃されていると思う。

事実、（F）には、次の一節が続いている。

（G）それから我々は、すべて存在は[12]、それが実体（本質）でないかぎり、論証によって証明されることが必然であると言う。存在（エイナイ）は、何者にとっても、実体（本質）ではないからである。存在（オン）は類ではないからだ。したがって、論証は存在についてあることになろう。幾何学者は三角形が何を意味するかは容認するが、三角形が存在するということは証明するのである。それでは、定義する者は、何に関して本質を証明するのか。三角形についてか[13]。〔そういうことはあるまい。〕すると、人は、定義によって本質を知っていながらそれが存在することは未だ知らないことになろう。しかし、これは不可能である。〔だから、定義とは別に、論証という存在にかかわる操作が必要とされるのだ。〕（B7. 92b12-18）

これを見れば、（F）を（G）から切り離して単独に採り上げることがいかにアリストテレスの趣旨を歪めるものであるかは、明白であろう。（G）で確認される「存在は類ではない〔及び実体でもない〕」ということは、いかなる類も実体もみな「存在」しているが故に、「存在」は類や実体の定義の中には入り得ない、ということである（*Met.* H6. 1045b1-7, Z16. 1040b16-19）。つまり、「存在」は「一」と並んで最も抽象的な述語なのである（*Met.* B3. b22-27）。これは、（A）や（B）で ὅτι ἐστι が排中律の成立によって示されるレヴェルで理解されていることに符合する。さらに、（G）の主張の三角形の例が示すように、（C）の主張に全面的に重なる。

このように、（G）は、（A）（B）や（C）に比べて、別段何も新しい主張をしているわけではない。しかし、（G）は、論証において存在問題が処理されることを確認する意味において、注目さるべきである。この確認から推察すれば、（C）において容認された原理の存在は、論証によってそのまま属性にまでもたらされることが期待される。しかし、さきにも指摘したように、原理の存在の容認がそれだけでは何ら問題の解決にはならないものであるからには、属性を論証するというプロセスが逆に原理の存在の容認そのものの内実に跳ね返って利いてくることが予想されるのである（後述）。

そこで、この前節の趣旨は、後半（特に文末）に見られるように、定義だけでは存在に関わり得ないことを、問題として衝きつける点にあることになる。そこから、逆に、定義とは別に、論証という「存在」に関わる操作の必要性が説かれているのである。この点は、さきの（E）についても同様であるが（だから（E）は実質的にはアポリアではなかったのである）、ここで直接関係するのは、それ以上に（F）についてである。（F）の意図は、その一節が「〔定義する者は〕どうやって本質を証明するのか」（92b4, cf. b15）という問いかけの下に論じられていることからも分かるように、やはり、定義する者は本質の存在を証明するのではないことを、極限的に印象づけようとする点にある。この文脈の下では、山羊鹿の例は、定義（意味規定）だけでは存在に関わり得ないことを極限的に示す。「存在」しないものは「意味規定」しかできないのである。

（F）の「存在」は、そういうわけで、（G）の場合と同じく、探究論の文脈においてではなくて、弁証論の文脈における論理学的な概念として理解さるべきである。つまり、これは、τί σημαίνει に対照される ὅτι ἔστι なのである。だから、ここで存在が本質に先立って認められなければならないと言っても、存在問題が生じないという訳ではない。（F）の思考の構図は、依然として（A）と（B）に支配されている。（C）の存在問題は、存在の容認の資格をめぐって、一段階広い視野の下に問われている。この視座から「意味」を顧みるならば、意味が本質ではなくて単なる説明句に過ぎないということは、原理とされる「意味」は記述句に過ぎないという前節における了解にむしろ適合する。

以上、本節における検討には、積極的な主張は何もない。第一節で惹き起こされた存在問題が、改めて鮮明に浮かび上がったと言うべきである。念のために再確認すれば、定義は名目論的になされるが故に存在問題を払拭できない。この存在問題は原理の存在の容認に基づく論証において解決されることが示唆されるが、その具体的な在り方は何も示されない。

本節で触れながら敢えて後に残した問題に、探究論の問題がある。探究論においては、確かに存在問題など生ずる余地は無いほどに、意味を満たす対象の存在は前提されている。しかし、私は、このような思考状況は、存在問題を却下するものではなくて、むしろ逆に存在問題に対する解答の糸口をなすとしてそこには存在問題に対する解答の糸口が期待される。次にそれを検討しよう。

第三節　探究論の局面

第二巻一章および二章の問の組織化の問題提起に直接応えるのは、第二巻八章のよく言及される次の一節である。八章は、三章から七章にかけての弁証論的な吟味を承けて、直接二章に連なる結論的な章である。そこでは、まず「我々は事象を把握したときに原因を探究する」とされた上で、それに併行して、「同様に存在を把握することなしには本質は探究されない」ことが再度確認される（B8. 93a17-20）。しかし、それに続く一節は、それぞれの関係が単なる遡行ではない事情をはっきりと伝えている。

（H）存在の事実については、我々は、ある場合には付帯的に摑むが、ある場合には事実そのものの或る相を摑む。たとえば、……月蝕を光の或る消失とする……ように。[14] 我々が存在の事実を付帯的に知るだけのものについては、我々は決して本質に関係しないことは必然である。存在の事実を知るわけではないからだ。存在の事実を摑まないで本質を探究しても、我々は何も探究したことにはならない。しかし、我々がかかる相を摑んでいるかぎり、探究は容易である。我々は、存在の事実を摑んでいる程度に応じて、本質にかかわっているのだ。（B8. 93a21-29）

続いてアリストテレスは、「我々が本質の或る相を摑んでいるものの例として、月蝕の本質論的な構造に言及する。それによれば、「事象そのものの或る相」である「光の或る消失」は、「本質の或る相」が摑まれたときには、はっきりと「地球による遮蔽」と規定される（93a30-31）。ここでは、存在の事実も本質も、「或る相」という限定 τι に一元化されている。「存在」する事象における τι という限定の内に、本質は現れ出るのである。

この τι をどう理解するかは、解釈の焦点となる最大の論点である。さきに私はソラブジの示唆[15]の下に、この文脈における τι は「このもの（τόδε τι）」という指示の働きが認められることを提起した。それは本質は完全に特定化されなくても、その特性が示唆されるだけで指示されるとするソラブジの指摘に応じた措置である。ここでは、その結論の先取りを埋めるために、名目論的定義との関連から検討しておきたい[16]。

τι の把握を名目論的定義とする解釈はこれまでしばしば採られてきた処であるが、たとえば、バーンズは、次のように要約する。――「我々は語「月蝕」が何を意味するかを知るときに月蝕が存在することを知る。〈付帯的〉にしか知らないものは、それゆえ、「月蝕」が何を意味するかを知らない者ということになろう。つまり、そのような人は、我々が見たことのあるものを見てはいる。しかしながら、彼はその観察内容を知性をもって「月蝕は存在する」と言って報告することはできない。その意味で、彼は〈それが存在することを知らない〉のだ」[17]。これは、（H）の趣旨を名目論的解釈の下にパラフレイズしたものであろう。このように押さえた上で、バーンズはこの解釈は（H）に挙げられた例に適合しないこと、関連する第十章の一節（93B32-35）においては名目論者は（H）に対立する〈付帯的に〉知る者の内に数えられていること、の二点を難点として挙げる。

例に関する問題はしばらく措いて、参照された第十章にしばらく注目しよう。十章は八章九章の定義論を箇条的に総括する要の章であるが、書き出しにまず名目論的定義が掲げられる。その要約的な説明がなされた後で、次の補足説明が続く。

> （I）それ（名目論的定義）が存在する事実を摑んだ上で、我々はそれが何故に存在するかを探究する。存在する事実を知らないものをそのように容認することは、困難である。この困難の最大の理由は、既に述べたように、それが存在するか否かを付帯的な仕方以外には知らない、ということである。（B10. 93b32-35）

問題は、ここに傍線を付した「そのように（οὕτως）」という一語である。バーンズは、これを「名目的定義を持つだけでは」の意味に理解する[18]。しかし、アクリルによれば、この一文は「絶望的なほど曖昧」であって、簡単には決められない。アクリルは、同じく第八回シンポジウムの提題論文で[19]、このοὕτωςの解釈の可能性として、もう一つ「それが何故存在するかの知識をもって」を挙げる。慎重なアクリルは更にその意味を二つに分けて提示するが[20]、ソラブジは前掲論文ではっきりと後者をとって（H）との抵触を避けることを主張する[21]。

私としては、ここに（H）との照合を認めることができるなら（H）のτιに名目論的定義を認める解釈はこの照合の上に成り立つ）、（I）は（H）の傍線部の裏からの表現であることが判明し、そこからοὗτωςの意味は一義的に決まると思う。すなわち、それは、93a28のἐχόμενον τιである。そこで問題のοὗτωςを含む一文は、「存在の事実を知らないものについては、事象そのものの或る相を摑みながら探究することは困難である」と解釈される。これは、形式的には、οὗτωςをすぐ前のἔχοντες ὅτι ἔστιを承けるとするものと言ってもよい。これは実はボルトンの提起する処であるが[22]、ボルトンとは解釈の方向を異にするので、ここでは触れない。

この解釈はソラブジの主張を斥けるものではないが（事象そのものの或る相は実質的には原因に連なる故に）、実は、バーンズの言う名目論的定義にも結果的には重なるのである。ただし、当然のことながら、理解の方向は正反対である。この場合には、パラフレイズすれば、付帯的にしか知り得ないものについては名目論的定義を持ってしても容認することは困難である、となろう。これは、名目論的定義の言わば本質論的な理解に基づく解釈である。

このように、文脈的にはほぼ確定しているにもかかわらず識者たちがοὗτωςにバーンズの言う意味における名目論的定義を読み込むのは、名目論的定義では本質には触れ得ないとする思い込みに依るものと思われる。しかし、ソラブジも指摘するように、そもそも十章の書き出しは、定義を本質の言明として理解する方向を明確に示すのである（93b29）。名目論的定義も、その第一の局面として提示されているからには、まずはその本質論的な理解の可能性が探らるべきであろう。バーンズはせっかく（H）の趣旨を名前の意味にかかわる本質論的な思想表明としてパラフレイズしておきながら、みすみす本質論の糸口を断ち切っている。

それでは、「事象そのものの或る相」を知ることが、どうして「〈月蝕〉が何を意味するかを知ることになるのか。これは、いま論じてきたこととは別種の内容上の問題である（いままでの（I）との照合は語の「意味」規定を「存在」の付帯的な把握から切り離すことだけを期するものであったから、議論が抽象的に流れたのも止むを得ない）。そして、これは、バーンズが指摘するもう一つの困難（例との不適合）に関連する。次に、この問題に立ち向かおう。

この問題を考える積極的な糸口をなすのは、前掲のアクリル論文である。アクリルは、対象Xの存在が論証されて本質が教授されるためには、XはZにおけるYという複合的な項でなければならないが、そうすると論証に先立ってまずその事実が把握されていなければならないと考える。そして、事実の把握は、実際にはXの意味の理解（XがZにおけるYであること）によってなされるとする。このような意味の理解のもとでは、Xの存在（ZにおけるYの存在）が前提されると、それが何であるかはZをYに結び付ける媒介項M（Z—M—Yなる項連関におけるM）によって与えられる[23]。

私は、この解釈を、とくに（H）における「事象そのものの或る相」に触れる「存在の事実を摑む仕方」と関連づけて受け容れたい。そして、その「仕方」として、とくに具体的に事象を指示する言葉の意味の理解が示唆されていると見たい。たとえば、月蝕の説明を採り上げてみよう。「月蝕」という名前の意味が「月における光の或る消失」として理解されるとはどういうことか。月が基体であり（B2. 90a12, *Met.* H4. 1044b9）、光の消失が原因を究明さるべき自然現象であるとするならば、「月蝕」の意味の理解は、月蝕という事象の原因究明の契機をなすと言えよう。原因は、このような視角からのみ把握される。いや、原因は、既に「事象そのものの或る相」として捉えられているのだ。ここでは、原因が実際に何であるかが問題ではないからである。かかる事実問題の究明は、自然学の課題である。

この「或る相」は、また、さきに「特定されていなくてもその特性が示唆されるだけで指示される」とされた本質である。「月蝕」は、その意味が「月における光の或る消失」として規定されることによって、かかる特定化されない本質を指示する。意味の理解は、「月蝕」が指示機能を果たすための条件である。これは一節で記述が存在の条件とされたことに対応する。言うなれば、探究の場にあっては、記述句によっても存在は指示されるのである。[24] つまり、この場合には、存在解釈は、実際の探究の過程において、おのずからなされているのだ。それが、探究においては存在が既に先行しているとされる所以である。

もっともアクリル自身はと言えば、必ずしもこのように理解しているわけではない。アクリルのこの解釈は、実は、（B）の文脈において「アリストテレスが用語法上 τί σημαίνει と τί ἐστι の間を自由に揺れている」事実に注目して、（F）が存在問題を却下すると見たアポリアを解こうとする意図に発するものである。アクリルの提起する三段階の認識の進展の構造（意味の理解→存在の容認→本質の認識）は、（E）のアポリアを回避するために導入された便法に過ぎない（しかし（E）のアポリアはこのような便法で回避される以前に既に解消されていた）。これでは、意味の理解の先行の意義を十分に生かしているとは言えない。

さらに、アクリルは、第一巻一章二章の問題状況の設定に鑑みて、意味の理解の先行が認められるのも、教授（あるいは学習）の場面に限られるとする。そこから、探究の場においては意味の問題は消去される（探究の場においては出発点をなすのは、アクリルによれば、Xなる名前を欠いたZにおけるYという認識である）。[25] 言わばアクリルは教授の場に逃げているわけであるが、そう言うならば、いまも論じたように、探究の場そのものが本質論的には逃げ場なのだ。アクリルは、便法をも見逃している。

しかし、このことは、実質上は言葉の意味規定においても言葉そのものは本質的な要因ではないことを指摘するに過ぎない。アクリル自身は意味規定の意義を形式的にしか認めていないわけであるが、逆に言えば、これは意図せぬままに言葉の意味規定の実質に触れているということにもなる。言葉Xの意味規定（ZにおけるY）の実質は、言うまでもなく、言葉Xにあるのではなくて、ZにおけるYという理解にあるからである。

このことは、実はそのままバーンズが指摘したもう一つの困難（例との不適合）に対する解答にもなっている。ここに例示された内容（「月光の或る消失」等）は、月蝕という名前が出されていないからといって名目論的定義の例たりえないということには全然ならないからである。アクリルの示す処に従えば、我々は安心してバーンズのパラフレイズした名目論的定義の思想を受け容れて、その論理を吟味することができるからである。

さて、このようにして把握された本質は、改めて定義として概念化される。ここに成った定義は、実際に存在している事象の本質を示す実在論的な定義である。

しかるに、かかる定義の内実を示す本質は、事象の存在に対して時間的にではなく言わば本性上先行して、事象の存在を規定する。そのいみで、それは事象の存在からはひとまず切り離されて、概念的に規定される。その限りにおいて、それは「存在」に併行する「意味」として、独立に論じられる。そして、いわゆる名目論的定義はその「意味」を明らかにする。

このように論点を整理した上で再度（H）に視線を戻すなら、その要諦は、名前による事象の指示においてかかる「意味」は「存在」との接点を獲る、という指示の理論の提示であることが分かる。その名前が事象の指示に使われさえすれば、その限りにおいて言うなれば名目論的定義は実在論的定義へと変換されるのである（ここに言う名前による指示は「これは月蝕である」という命題の形式で考えられる。「これ」なる「月蝕」の意味、つまり

τι の内容は、事象に認められたこれなる相に対応せしめられることによって、実在論的に解釈されるのである）。「月蝕」が指示機能を果たしたとは、未だ発見されていないにしても当の原因（「遮蔽」）の存在が指示されたと解釈されるからである。探究の場の実情として言えば、既に述べたように、これは事象そのものの或る相 τι が摑み出されることによって、本質の或る相 τι へと意味を充填される、ということである。しかし、ここでは事実問題が問われているのではない。ここでは、探究の場は単なる原因究明に過ぎないのではなくて、存在論の成立のための条件となっている。

また、この指示の論理を支える過程が論証である。探究の場においてなされる指示、すなわち τι による把握には、論証の原理の存在の容認が含まれる、と解釈されるからである。それは、（H）における τι が、続いて例示される月蝕の論証において明確に「地球による遮蔽」という原理的な事態の存立として示されていることからも明らかである（B8. 93a29-31）。指示に始まる探究の過程は、そのまま論証の形式に変換されるのである。論証において証明される「存在」とは、かかる原理的な事態の存立の下に位置づけられることによって原理の「存在」を受け継いでいる末端の経験的事実の「存在」である。

同時に、初めに容認された原理の存在も、この時点において初めて、単なる約定的な容認を離れて、実質的にそれとして認められたと言うべきである。このように遡って原理の存在の容認を実質化せしめる処に、論証の「現実の知識活動にかかわる」（71b17）性格が認められるのである。そして、これが、プラトニズムへの後退をきわどい処で防ぐ支点となっている。

ここで当初の（A）の問題提起を顧るならば、（A）において提起された意味と存在の併行の問題は、論証の遂行において対応付けられたと言うことができる。それは、また、定義における存在問題は論証の遂行において解決された、ということでもある。何度も言うように定義は本来は存在とはかかわりなくなされる概念の意味規定なのであるが、論証の遂行においては、対応する探究の発端でなされる対象の指示において、おのずから、exitential import とも言うべき存在解釈がなされるのである。概念の意味規定は、探究〔論証〕の過程で、実在論的な性格を負荷される。定義の概念は、論証においていわば拡張されるのである。実在論的定義とは、その拡張の産物である。

第二巻十章における定義論の結論的な総括は、以上の思想のきわめて忠実な要約となっている。以下、その点を確認して、締め括りとしよう。

第十章では、本質を述べる言明の一つとしてまず名目論的定義が掲げられるが〔「名前が何を意味するかを述べる言明」93b30〕、それは（I）を含む説明の後で、「何故あるかを明らかにする言明」（93b30）と対照される。そして、この対照は、さらに次のように敷衍される。

（J）前者は意味するのみで〔存在を〕証明するものではない。しかるに後者は、明らかに本質に関するある種の論証であって、論証とは語の配列において異なるものである。（B10. 93b39-94a2）

この述べ方を見ると、前者〔名目論的定義〕が本章の考察であの中核をなす（C）における意味に関する問題提起を承けるものであることは明らかである。また、それが、（G）における定義の理解と同趣であることも、見逃してはならない。それに対して、後者は、論証との関連で考えられる定義、つまり論証において拡張された実在論的定義である（「論証とは語の排列において異なるもの」とは、原因究明の内容を本質論的に定式化した結果である）。これは定義の内部の対象とされているが、これが第三章から七章にかけての定義と論証の対照を承けるものであることは明らかである。

論証との関連で考えられる定義には、さらに論証の結論も付け加えられ、また、同じ文脈で、論証の出発点をなす無前提の原理命題にも言及される。この三者は、定義の三相として要約されもする（94a11-14）。そこから、従来注釈者たちは、最初の名目論的定義が要約部に記された三者のどれに相当するかを論じてきた[26]。しかし、これが疑似問題であることは、もはや明らかであろう。

名目論的定義は、内容として見れば論証の出発点における原理命題に相当するとするのが自然な了解であろう。それは、この原理命題も、「無前提的なものの定義は本質の定立である」（94a9-10）とされるように、（Ｂ）と同趣の述べ方で提示されていることからも推察される処である。しかし、私は、名目論的定義は理念的には論証との関連において見出される三者すべてに等距離におかれ、同等に関係すると考える。名目論的定義は、拡張に対する原型であるからである。ここで意図されていることは，いたずらに定義の諸相を数え上げることではない。

その拡張を支える論理は、さきに論じたように、実際の探究の場における指示である。これが定義の実在論的性格の依り処である。それゆえ、定義は、それを論理的に突き詰めれば、名目論的性格に帰着する。しかし、定義は、探究の場において実在論的な保証を得る。これは初めに（Ｂ）で提起された主張であるが、十章の総括もそれを示唆する。

註

（1）『後書』の課題を経験知の公理論的な体系化にあると見た上で、アリストテレスはそれに全面的に失敗した、とするのが、これまでの一般的な理解である。しかし、『後書』の意図が別の処にあったとしたら、話は全く別であろう。この論点は、既に第二章で提起した。

（2）Cf. C. H. Kahn, The role of *NOUS* in the Cognition of First Principle in *Posterior Analytics* B19, *Aristotle on SCIENCE, The ‹Posterior Analytics›*, ed. by E. Berti, Pdova, 1981, pp.385-95.

（3）（B）のεἶναι τιが具体的にな事象（属性）の存立であることについては、バーンズは当然の了解事項であるとして論じている（J. Barnes, *Aristotle's Posterior Analytics*, Oxford, 1975, pp.103-04）。しかし、排中律との関連については全く触れていない。（A）の排中律については、ロスもバーンズも（B）の公理の例に数えるが、（A）で明白に ὅτι ἐστι の例として挙げられている事実をどう説明するつもりなのか。

（4）ここに示された定義が通常理解されているような本質規定命題か否かは見解の分かれる処であるが、ここではその検討は省略する。Cf. B. Landor, Definition and Hypothesis in *Posterior Analytics*, 72a19-25and 76b35-77a4, *Phronesis* vol.26-3, 1981.

（5）A10. 76b23-77a4. ただし当箇所が（B）と同趣であるか否かも、議論の分かれる処である。とくに当箇所では、存在措定と対照されているのは ὅρος であり、それをただちに（B）の ὁρισμός と同義とするのには主題的な検討が必要とされようが、いまはこれも省略する。

（6）Cf. M. T. Ferejohn, Definition and The Two Stages of Aristotelian Demonstration, *Review of Metaphysics* 36, 1982. ただし、フェアジョンは、せっかくこの重要な一節を主題的に捉えておきながら、そこから積極的な意義を汲むことはまったくしていない。

（7）このような主張も、実はアリストテレスの文脈においてあり得ないわけではない。オーエンは演繹科学の理念とその原理の述語的な組織化にプラトニズムの痕跡を認めるが、その理解は可能的にこの主張を含むと思う。アリストテレスは存在問題をしつこく問うているのであるから、このように理解しても、イデア論批判の姿勢に抵触するわけではないはずである。但し、この場合には本文に論じたようにこの理解は当てはまらない（G. E. L. Owen, The Platonism of Aristotle, *Proceeding of the British Academy* 50, 1965, *Article on Aristotle, vol.1 SCIENCE*, Duckworth, 1975）。

（8）現代論理学の認識については、クワインの次の著書を典拠にしている。『論理学の方法』（中村・大森・藤村訳、第三版、岩波書店、一九七八年）、『論理学的観点から』（中山・持丸訳、岩波書店、一九七二年）、『ことばと対象』（大出・宮館訳、勁草書房、一九八四年）。

（9）前記『論理学の方法』二五二頁。

（10）これをたとえばクリプキ『ウィトゲンシュタインのパラドックス』（黒崎訳、産業図書、一九八三年）の趣旨と比較してみると興味深い。アリストテレスの場合は懐疑は糸口であって、原理における存在解釈で完全に解決される。この点に思想の性格の違いが認められる。

（11）Hintikka, On the Ingredients of an Aristotelian Science, *Nous* vol.6-1, 1972, p.65.

（12）ロスは写本の ὅτι ἔστιν を ὅ τι ἐστίν と読むことを提案する。論証がXがYであるという事実についてなされることを確認するためである。バーンズ（*ibid.*, p.205）も、岩波旧版『全集』もそれに従うが（第一巻七三二頁）、その必要は全くない。トレドニックもはっきりとその旨を断っている（Loeb Classical Library, *Aristotle, Posterior Analytics, Topica*, 1960）。

（13）ここでもロスの校訂は採らない。ロスに従えば「定義する者が証明するのは三角形が何であるかということ以外の何であろうか」（岩波旧版『全集』第一巻七三二頁）となるが、こうなると定義する者が三角形が何であるかを証明することを強調する文脈になってしまう。これでは意味が反対になり、後段にもうまくつながらない。

（14）念のため省略した例をすべて挙げておく。「雷鳴を雲間におけるある種の音としたり、月蝕を月光のある種の喪失であるとしたり、人間をある種の動物としたり、魂を自己自身で自身を動かすものであるとするように」。例の挙げ方は一見奇妙であるが、自然現象の原因も、本質論的な了解の形式としては「人間」や「魂」に関する形而上学的な了解の形式と一致することを示唆する貴重な証言として受け容れることができる。当箇所の要諦は、不定代名詞「何か（τι）」の意味の論理学的にして形而上学的な働きである。

（15）D. R. Sorabji, Definition: Why Necessary and In What Way?, *Aristotle on SCIENCE, The ‹Posterior Analytics›*, ed. by E.Berti, Padova, 1981, pp.205-44.

（16）ここに言う名目論的定義は、以下に論ずるように、原因が究明される以前の暫定的な性格の故にそう呼ばれるのであるから、第一節で問題提起された論理的な名目論的性格とはその性格が異なるとされるかも知れない。確かに（B）では原因に基づく通常の本質規定でも存在解釈を含まない故に名目論的とされたのであるから、その限りでは同日の論ではない。しかし、一節では意味は一般的に記述のレヴェルで提起されていたのだから、その限りでは自然学的と論理学的とを問わず概念的には同趣として扱われる。ここではむしろ自然学の領域にまで視野を拡げることにより、名目論的定義において生ずる存在問題を具体化することを意図していると解釈される。

（17） J. Barnes, *ibid.*, p.209.

（18） *Ibid.*, p.213.

（19） J. L. Ackrill, Aristotle's Theory of Definition: Some Question on Posterior Analytics B8-10, *Aristotle on SCIENCE, The ‹Posterior Analytic›*, ed. by E. Berti, Padova, 1981, pp.359-84.

（20） ibid. p.376.（1）原因の知を持って、と、（2）実在論的定義を持って。アクリルは、意図せぬままに問題の焦点に接近している。

（21） Sorabji, *ibid.*, pp.217 n30.

（22） R. Bolton, Essentialism and Semantic Theory : Posterior Analytics B7-10, *The Philosophical Review* vol.85-4, 1976, pp.514-44. ボルトンの見解については第二章で主題的に検討した。アクリルの酷評（p.375）はともかくとして、ソラブジもあまり好意的ではないが（p.215）、ボルトンの主張は問題提起として非常に適切である。

（23） Ackrill, *ibid.*, pp.369-70.

（24） この点、右記のボルトン、ソラブジの見解に、大いに啓発された。

（25） Ackrill, *ibid.*, p.373.

（26） この点も、第二章で主題的に検討した。『後書』第十章の理解にやや隔たりがあるのは、本章における論点の深まりとして了承されたい。

第五章　帰納法と分割法
——『分析論後書』第二巻十九章——

アリストテレスにおいて帰納法を考える場合に最初に抑えておかなければならないことは、この一見通俗的とも見える方法がきわめて強度の本質論的要請から構想されているということである。(1) このことは「我々にとって明らかなもの」から「本性上明らかなもの」へと遡る件の方法論的態度に抵触するものではない。この遡行は、単なる経験論的方法の表明ではない。アリストテレスにおいては、「我々にとって明らかな」事象を論ずるときにも、既に議論は本質論的視角からなされているのである。

アリストテレスの思考態度は、しかしながら、『後書』においては直接おもてには現れない。それと言うのも『後書』の課題は原理からの演繹と原理そのものの存在論的な検討にあり、原理の帰納的な認識の問題は、いわば既決の論点として抑えられているからである。事実、帰納の過程は、『後書』においては、全巻の最終章の締め括りの部分（第二巻十九章 100a25-b5）で、いわば付加的に言及されているに過ぎない。この締め括りの一節は、術語の意味の採りにくさから古来難解とされてきた処であるが、『後書』を特徴づけている本質論的錯綜とは趣を異にする。この錯綜に比べれば、締め括りの一節はむしろ単純である。

それでも、この一節の解釈上の論点は多岐にわたり、それが包含する思想の全容は簡単には姿を見せない。それに加えて，術語の見かけの上の抽象性の故に、この一節には示唆された遡行の過程は、過度に神秘化されてきたきらいがある。その結果、帰納の過程とは直覚知（ヌース）による種的普遍から類的普遍ひいては最高類概念（カテゴリー）への抽象であるとする解釈の型が、テキストの実情から離れて出来上がってしまっているようにも思われる。

私は、むしろ逆に、この一節はきわめて日常的な我々の意識の働きに即した叙述であると考える。本質論的な性格は、思うに、その働きの中に現れるのである。それは、結論を先取りして言えば、類的普遍の直覚である。かかる類は、組織化された探究の場においてはその存在を容認された基体であるが（論証において原理として存在が措定された類）(2)、日常的な関心の場においては主題概念として掲げられる素材である。

このような見通しの下においては、『後書』の締め括りの一節に現れた帰納法は論証の過程に併行することが予想される。つまり、帰納的な思惟は、事象の論証の過程の事実上の形式なのではないのかという探りが入れられる(3)。この問題に実際に答えるのが、実は、『前書』第二巻二三章の帰納的推理の形式化である。この論点は今の私の問題関心に密接に関連するが、この点の分析は別稿に残し、本章では、敢えて私は、問題の発端となった『後書』の結びのテキストの一節にとどまって、語句の解釈と思想の再構成に終始したい。哲学上の問題は、ここでは、かかる古典学的な検討をとおして具体的な輪郭を採ることが期待されるだけである。

本章の目的は、まず第一に、『後書』末尾の一節に現れた帰納の過程を、類的な素材を種的統一にまで限定する過程として理解することの提唱である。そこから、このように性格づけられた帰納の過程は、いわゆる分割法（διαίρεσις）の過程に重なり合うという第二の了解に導かれる。本章の主張は、この二点だけである。これは本書全体の総括としてはいかにも些末な印象を与えるかも知れないが、これら特異な両法には、概念的にはこれまでの執拗な議論の背景が現れているのである。

第一節「静止する普遍」

私が分析の対象として採り上げたいのは、『後書』の末尾近くの次の一節である。原文は一息に切れ目なく続くが、議論の焦点を明確にすべく、便宜上二つに分けて掲げる。訳語の決定にも問題があるかも知れないが、それは本章の主題でもあるので、結論の予示として許されたい。

（A）経験もしくは〔経験における〕すべての事例から普遍が魂の中で静止するとき[a][4]、即ちそれらすべての事例の中に含まれた同じ一つのものが多から離れて一として静止するときに、技術と学知の端緒がある。……たとえば、戦闘において潰走になったとき、一人が止どまることにより別の一人が止どまり、それからまた別の一人が止どまるという状況の中で、最初の陣形が回復されるに至るように。魂はこのような情態[b]を被り得るような性質を示すのだ。（*An.Post.* B19. 100a6-14）

（B）これまで述べはしたが、はっきりとは説明しなかったことを、もう一度述べよう。種的に未分化のものの内の一つ[a]が止どまるとき、魂の中に最初の普遍[b]が現れる。感覚されるものは個々のモノであるが、感覚は普遍に〔たとえばカリアスという人間にではなく人間に〕かかわる[c]からである。それから、これら〔最初の普遍〕の中でも、また〔何かが〕止どまり、最終的には不可分の普遍[d]が止どまるに至る。たとえば、然々の動物が動物に至り、またこの中でも同様な仕方で止まるように[e]。そこで明らかに、我々には第一の原理は帰納によって知られることが必然である。感覚は、このように[f]、普遍を我々の内に作り上げるからである。

(*An.Post.* B19. 100a14-b5)

(A)は、『形而上学』冒頭の一節と同様に、感覚知覚から始まって記憶、経験を経て、普遍的な学知が成立するまでの心理的過程を説くおなじみの一節であるが、ここではとくに「普遍が静止する」という表現に注目したい。これが第一の論点である。(B)では、先行する(A)の過程は「最初の普遍」から「不可分の普遍」への展開として性格づけられる。この内実を明らかにしてアリストテレスの普遍概念の理解の一端とすることが、第二の論点である。さらに、(B)には、第三の論点として、感覚知覚の普遍性の問題がある。それは傍線部(c)の理解にかかっている。以下、これら三つの論点を、順次、検討して行こう。

まず、第一の論点として、「普遍が静止する」という表現を検討しよう。ここで静止するとされるものは何なのか。この普遍の内実は何なのか。

「静止する(ἠρεμεῖν)」とは、一般に、感覚内容の多様性が流動して止まない状況にあって、学知が成立するための必要条件をなす。これは、アリストテレスにおいては基本的に前提されている了解事項であるが(cf. *Top.* V4. 142b19-21)、既にプラトンにおいても見られるものである。たとえば『パイドン』篇には、「これら(聴くことや見ること嗅ぐこと等)から記憶と想念(ドクサ)が生じ、記憶と想念が静止すると学知が生ずる」(96b6-8)と記されている。しかし、この場合には静止する当のものは、同じく個々の多様な感覚内容であるはずである(プラトンのこの文脈における記憶と想念は広く感覚に含めて考える)。この点は、すぐ後に続く比喩の例からも明らかである。ここに言う「静止」は、たとえば「悟性は静止し止どまることによって知り、考える」(*Phy.* VII3. 247b11)とされるときの「静止」(cf. *De Ani.* 407a32, *Parva Naturalia* 455a32)とは趣を異にする。この用例もアリストテレス固有のものであるからには結局は折り合うことは予想されるが、検討の糸口に際しては、ひとまず概念的に区別されよう。

ここには早くも、個別的な経験から如何にして普遍的な学知が成立するのか、という経験論固有の難題が現れている。ハムリンはこの点におけるアリストテレスの説明の不備を衝き、その埋め合わせを比喩の例に求める(5)。彼によれば、学知の成立を可能ならしめるのは『形而上学』A巻一章に述べられる「繰り返し」である。潰走のさなかに踏み止まった一人の兵士に続いて、一人また一人と踏み止まり続ければ、その集積が最初に陣形における全体的な秩序（普遍）の回復となる。――この月並みに過ぎる解説も、ハムリン自身その分かりにくさを認めている例の趣旨をうまく生かしているといういみで（しかもその意味における限りにおいて）ひとまず認められよう。

しかし、それでも、この解説が月並に過ぎることに変りは無い。問題は、比喩の例の紛らわしさである。この比喩はたしかに紛らわしいが、それだけに、他の解釈の余地もある。この比喩は、もう一つ、『問題集』第十八巻七章にも見出される。

> （C）自然に即した状態にある者においては、悟性が一つのものに止どまりあれこれと転変することの無い場合には、この部分の周辺にある他の器官(a)の働きも止まるが、それらの器官の静止状態が睡眠なのである。何故なら、潰走の場合におけるように(b)、指揮官が一人踏み止どまると、〔全軍の〕他の部分(c)も自然に踏み止どまるものだからである。（*Prob.* XVIII. 917a29-33）

比喩と比喩によって説かれている事態との対応は、こちらの方がはるかに自然である。傍線部（c）のτὰ ἄλλα μόρια という表現は、比喩においてはもちろん全軍の他の部分であるが、語法的にはそれ以上に傍線部（a）の「周辺にある他の器官」を承けると言うべきであって、傍線部（b）の限定が無ければ比喩としての役割はむしろ果し得ないとされよう（「指揮官（κύριος）」は同時に「最有力器官」でもある）。それゆえ、この比喩は、一人が踏み止まることを契機にして全体の秩序が回復することを言うよりはむしろ、一人が止まることを契機として全体の秩序も文字通り止まってしまう（降伏する）ことを言うと見るべきであろう。そうでなければ、器官の静止状態として規定される睡眠の説明にはならないだろう。

ここでは、止どまるものは悟性であるとともに、器官の働きである。潰走においては指揮官であるが、これは個人的な一人と言うよりはむしろ機関に対応する一環である。個と普遍の対照は、ここでは有機的な体系における部分と全体の関係に映し換えられている。

（C）の形式を押さえた上で（A）を見れば、潰走の意味づけは正反対でも、それとは別に個と普遍の関係は同じ方向に了解される。ここで訴えられていることは、その一環をなす部分の状態が全体の状態を決めるという形式である。感覚から学知が生ずる過程も、この形式で了解さるべきである。つまり、実際に止まるのは感覚される個々の事象であっても、その事象において普遍も止まるのである。

ここには、いわば個即普遍のアポリアの素型が顔をのぞかせている。しかし、このアポリアと見えた形式は、その実、普遍を具体的に考える際の指標であって、実質上はここに普遍が具体的に問題提示されていると解釈されるのである。[6]

かかる逆説的な状況を招来するのは、魂の特殊な能力である。（A）の文末の傍線（b）の「このような」は、もちろん潰走の比喩をさすが、実際には魂のこのような能力を示唆している（後述）。

以上の形式の確認が第一の論点であるが、この確認は、さらに（B）において、実質的に肉付けされる。それは「最初の普遍」から「不可分の普遍」への展開である。しかし、不幸なことに、この展開はこれまで常識的に種概念から類概念、ひいては最高類概念であるカテゴリーに至る概念の抽象の過程として誤読されてきた(7)。それは一つには例示された「動物」に惹かれた先入見によるものと思われるが、それだけに、誤読とするには根強い抵抗があると思われる。それゆえ、この点は、やはり第二の論点として主題的に考察しなければならない。

そこで（B）（b）の「最初の普遍」の意味であるが、これはその契機となる（B）（a）の内実によって決まるはずである。つまり、「最初の普遍」への展開は、概念的には、ἀδιάφορον から ἀμερές への展開なのである。しかるに、（A）と（B）を衝き合わせてみると、（B）（a）は（A）（a）を承けたものであることは用語上明らかであるのだから（ἠρεμεῖν と ἱστάναι の同義性による）、（B）（a）の内実もおのずから潰走の比喩の形式で思い描かれることになる。そこで、「種的に未分化のもの」と訳した ἀδιάφορον には、それぞれ相反する方向に三つの意味が認められる。この点をまず点検しよう。

その第一は ἀδιάφορον の否定接頭詞 ἀ- を「もはや〔それ以上の種差の〕ない」と解した場合で、この ἀδιάφορον は不可分の意味要素をなす種概念を表す。この代表は『形而上学』Z巻十二章の分割法の叙述に現れたものである。分割法とはここでは被定義項である種概念を確定する手続きで（後述）、その内には「第一の類と種差以外には何も含まれない」（1037b29-30）。第一の類は種差によって分割され、その都度下位の類を産み出す。その過程は、

（D）このようにしてどこまでも進み、最終的にはそれ以上種差の無いものに到達するに至る。（1038a16）

『後書』においては、これに対応する概念は ἄτομον である。

第二は、これとは逆に、その否定性を「未だ〔分くべき種差の〕無い」と解した場合で、この ἀδιάφορον は類的な概念である。その用例としては、『形而上学』Δ巻六章における「一 ἕν」の概念規定に現れたものがある。アリストテレスは、「それ自体として一つ」と言われる場合を次のように説く。

（E）さらに、他の意味では、「一」は、基体が種的に区別されないことによって語られる。ただし、ここで区別されないというのは、その種が感覚によっては分割されないもののことである。（1016a17-19）

ここに言う基体は酒とか水とかという自然的な素材であるが、類が一であると言われる場合もそれと同趣である（1016a17-19）。それゆえ、逆に類が主題に採られてもそれは論理的に抽象された原理概念としてではなくて、これから種差によって規定さるべき主題としての概念、論究さるべき問題概念としてである。

第三は、個体である。個体は必ず種的限定を負った存在であるのだから、この ἀδιάφορον は前二者の内のどちらかに含まれるはずであるが、『後書』の第二巻十三章の次の一節は文脈上（B）に密接に関係するので（後述）、特に一項を設けて掲げる。

（F）個体を定義する方が普遍を定義するよりも容易である。だから、個から普遍へと辿らなければならない。同音異義性は、不可分のものにおけるよりも普遍における方が我々の目を逃れやすいからである。（II13. 97b28-31）

かくて潰走中の兵士の一団に擬えられた ἀδιάφορον は種か類か個のいずれかである。前二者は兵士の集合を一団として捉えたものであるのに対して、個というのはその一人一人に注目した表現であろう。

このように並べてみると、（B）の最初の普遍をただちに種的な意味に採るのは ἀδιάφορον の用語法から言って大変な独断であることが分かる。（D）に見たように、種的な ἀδιάφορον は、一つの過程の到達点である。この ἀδιάφορον は、（B）の文脈においては、むしろ ἀμερής の方に相当する（分割と帰納とでは方向が逆だなどと言ってはならない。このような先入見を斥けるのも本章の目的の一つなのだから）。ここでは ἀδιάφορον からの展開が考えられているのだから、むしろ（E）の用例に適合する。それにもかかわらず種に固執するのは（D）の中に（F）の形式を認めたからであろう。（F）の形式は、たしかに考え易いものである。[8] しかし、この形式は、後に主題的に論ずるように、むしろ（E）の形式（類）に一致する。この思考の脈絡においては、個と種の対立は排除されている。

（B）の ἀδιάφορα を種的な意味に取るのは、（B）の ἀμερές を原理的な類（さらにはカテゴリー）と見る[9]先入見に惹かれた短絡であると思われる。しかし、この ἀμερές についても検討が必要である。結論を先取りして言えば、アリストテレスの用例からして、ここにただちに類（カテゴリー）を見ることは非常に難しい。

ἀμερής は、アリストテレスにおいては、『自然学』第六巻十章で「ἀμερές とは量的に不可分なものを言う」（240b12-3）と定義されているように、自然学の数理的な議論において術語的に使われる概念である。とくに連続体とその分割に関する抽象論議において、「今」や「点」の概念と類比される用例もある（241a4-6）。その限りでは、普遍的な抽象的実在を指すのでは全くなく、逆に ἄτομον と同義的である（233b15-32）。ἄτομον も『自然学』の文脈では、「連続体が ἄτομον から成ることは在り得ない」（ibid.）とあるように、数理的な概念である。デモクリトスの原子（アトモン）も、無限分割の可否を問う数理的な手続きを経て成ったものである（『生成消滅論』第一巻二章 316a14-317a17）。

ἀμερές は、『自然学』においては、もう一つ、全巻の末尾において、不動の能動者の属性としても使われている。ἀμερές を類的普遍（さらにはカテゴリー）の意味にとるのは、この用例の拡張解釈であると思われる。

（G）第一の能動者は永遠であり、無限の時間にわたって運動を惹き起こしている。それは明らかに ἀδιαίρετον であり ἀμερές であって、部分をもたないものである。（267b24-26、岩崎允胤訳）

同じ性格規定は神学の巻とされている『形而上学』Λ巻の中心部分にも見出される（1073a6-7）。アリストテレスの全思考が究極的にはここで特筆される能動者をめぐってなされていることを想うなら、この用例はけっして見過ごされてはならないだろう。この ἀμερές は文字通り非部分的なものの謂いであって、能動者の非感覚的な超越性を表す。能動者が全体世界を支配する普遍的な実在であるからには、論理学的な思考の脈絡においてそれが類的普遍に転用されると見るのはあながち無理な推定とは言えないかも知れない。しかし、その推定には保証はない。いや、逆に、類的普遍の離存性をきびしく批判するアリストテレスにあっては、かかる転用には、むしろその通俗性に警戒の目を光らせていたと見る方が自然であろう。実際、次のような発言は、この際特に見逃してはならない。

（H）何故に一（ヘン）は原理なのか。分割され得ない（ἀδιαίρετον）からと彼等（プラトンの徒）は言う。しかし、ἀδιαίρετον と言えば、普遍も個々の要素的なものも、ともに該当する。（*Met.* M8. 1084b14-15）

これは「一」の原理性を ἀδιαίρετον の概念を契機にして弁証するきわめて精緻な抽象論議の一節であるが、この文脈が普遍の優位を認めるプラトンに対する批判に支配されていること、したがってアリストテレスの積極的な主張は「個々の要素的なもの」の方にあることを押さえて、いまは深入りは避けたい。この一節からアリストテレスが ἀδιαίρετον を類的普遍と見る見方をさらりとかわしていることが分かれば、いまは十分である。（F）においては、ἀμερές も ἀδιαίρετον も確かに超越性を示すには違いないが、それを類的普遍に転用するわけには行かないことがここに判明したわけである。

かくて ἀμερές の意味の形式は、神学ではなくて自然学的な方向に認められる。ただし、（B）は『自然学』の弁証論的な文脈ではないので、論理学的な意味に対応を認めなければならない ところで ἄτομον であるが、さきにも一言触れたように、『後書』では、これは分割過程の最終項つまり種概念を表す術語である。ἄτομον は、種的に不可分な要素、意味の要素なのである（II5. 91b32, 96b11, 12, 16）。この点は、はっきりしている。一般に、論理学的思考の脈絡においても ἄτομον は ἀδιάφορον や ἀδιαίρετον と同義であって、これらの術語の間の関係は自然学的文脈における関係に対応する。以上の考証から、私は、（B）の ἀμερές は、『後書』第二巻十三章等の ἄτομον と同義であり、種的統一を示す述語であると結論づける。それゆえ、τὰ μέρη τὰ καθόλου は、不可分の普遍、すなわち種的意味要素である。

それに対応して考えれば、（B）の πρῶτον καθόλου は、ἀδιάφορα とともに、類、それも主題概念としての類である。さきの点検でもこの ἀδιάφορα はむしろ類的とされたのであったが、その性格がここにはっきりと確認されたわけである。かかる ἀδιάφορα は、二巻十三章では分割の過程の出発点とされている（97b7-8 後述）。このような類は、実際上は類的に一括された個体であるから、（F）の用例を排除するものではない。

このような了解に最後まで躓きの石となるのは、（B）に示された例であろう。（B）では、たしかに、「然々の動物から動物へ」の展開になっている。しかし、この点は、私は、アリストテレスの慣用的な表現のなせるわざであると考える。ここに言う「動物」は類概念として抽象された「動物」ではなくて、犬とか馬とかを指して大まかに「動物がいるね」と言葉を発する際の「動物」である（cf. *Met.* M9. 1085a26. ここでは抽象的な類概念としての動物の方は αὐτὸ τὸ ζῷον とされている。さらに *Top.* IV5. 125b35-7, 126a24-5）。この場合「然々の動物」の方は、たとえば山道で何か狸らしきものが目の前をよぎったときに暫定的に当てられる名辞である。このような用語法は、アリストテレスにおいてはごく一般的なものであるが、それ以上に、このことは（B）の文脈そのものから既に明らかなことである。それは（B）の傍線部（e）にあるように、この「動物」は種的確認へとさらに問わるべき過程の一局面として提起されているからである。

さて、以上から、（A）（B）に示された過程は、俗に言う種概念から類概念への抽象の過程ではなくて、逆に、類概念（大まかな一般概念）から種概念（個別的な意味を担う概念）への限定の過程であることが判明した。このことは用語法の検討からおのずから到達すべき結論であるが（しかし伝統的な読みに反するので敢えて詳細に点検した次第である)、それとは別に、ここには内容上も検討を要する問題点が現れている。それは、このように見ると、帰納の過程がそのままいわゆる分割の過程に重なり合うことになるからである。これは一見、アポリアに見える。しかし、私は、この点はむしろ逆に、分割の過程の内実を示唆するものとして、積極的に提起したい。この主張に説得力を持たすべく、別の個所に典拠を求めて、さらに検討を続けよう。

第二節　「最初の普遍」

このような問題提起に対してまず第一に言及さるべきは、『自然学』第一巻一章の次の一節である。アリストテレスは、『自然学』の冒頭近くで、自然の探究の方法を説いて、次のように言う。

(I) 最初に我々に明らかではっきりしているものは、〔本性上は〕むしろ混濁している。要素や原理はこれらから、これらを分割する場合に(a)、後になって知られるようになるからである。それゆえ、普遍から個へと進まなければならない(b)。全体は感覚知覚によってよりよく知られているが、普遍はある種の全体であるからである。このことは、あるいみでは名前の定義に対する関係と同様である。〔名前は〕たとえば「円」がそうであるように、ある種の全体を未規定な仕方で示す。しかるに、その定義は、〔その名前を〕個々の要素へと分割する。(184a21-b12. 岩崎允胤訳)

ここには、「我々にとって明らかなもの」から始める自然学の方法が「普遍から個へ」の過程として性格づけられ、その方法がさらに「分割」と名付けられている。そのまま受け容れれば、概念的混乱以外の何物でもない。
しかし、これらの論点は、すべて前節の考察から、統一的に説明される。まず（b）の普遍と個の関係が通常の用語法（たとえば（F））と逆転していることについて言えば、このように派手に常識を逆撫でする用例はパキウス以来の注目事項であり、結局は両者とも例外的として処理されているようであるが、[10] わたしは、前節に説いた類概念の了解からこの点は特に異とするには全く及ばないと考える。ここに掲げられた「普遍」は主題概念として提起されたこれから細部を埋め合わさるべき枠組みである。アリストテレスの用語法は確かに紛らわしいが（とくに後半の定義との類比。この点についても例に引かれた迷解が多い）、それらはみな、文脈的に補正される範囲内のものである。たとえば、円の定義について、被定義項の「円」（種）が「中心から-等しい-点の-集まりの-平面図形」（種差＋類）という定義項へと分割されると考えたなら、収集のつかない混乱に陥る。ここで意図されていることは、ἀδιάφορα な集積として止どまった「平面図形としての円」（最初の普遍）が「中心から-等しい-点の-集まり」として、「中心」「等」「点」「集合」等の「不可分」の概念の然るべき組み合わせから成ると了解されるということである。このとき、問題提起された「最初の普遍」はそれぞれ「不可分な要素的概念」の不可分な結合から成る統一体として承認される。「不可分な普遍」として承認されるとは、この謂である。

ここで積極的に注目さるべきは、我々にとって明らかなものから本性上明晰なものへと進む件の自然学的方法が、（a）に見られるようにとくに分割の過程として提起されている、ということである。[11] このことは、「細部を欠いた大まかな表現が経験の過程で細部が書き込まれてゆく」という方法論的な了解以上に、本質論的に重要である。帰納法的思惟の具体的な形式が概念の分割であること、逆に言えば、概念の分割という思弁的な手続きが所与の経験の解釈であることが、ここに示唆されたことになるからである。しかし、これは非常に大きい証言であるから、単に用語法としてだけではなく、分割の実情に目を転じて考察しなければならない。

第三節　分割法の実演

分割法に関する言及は、『分析論』においては、『前書』『後書』を通じて要所要所に散見するが、その評価は、さきに言及した『形而上学』Z巻十二章における本質論的な評価と比較すると、表向きは総じて低い。Z巻十二章においては分割は定義が成立するための形式的な手続きであった。それゆえ、概念的には、定義と同趣の本質論的な意味で語られている（もっとも、それとても、単純化が過ぎて、アリストテレス本質論の名を貶めかねない体のものではあるが）。しかし、『分析論』の文脈においては一般に『前書』第一巻三一章にあるように、分割は中項に依らない弱い推論である（46a33）。そこでは、推論さるべき結論は要請され、本来容認さるべき内容が演繹される（46b3-12）。このような思想は『後書』においても踏襲され、第二巻五章の弁証論的検討においては、分割法により定義を述べる者は帰納する者が定義の結論を論証するのではないのと同断であるとされる（91b14-15）。しかるに、第二巻十三章では、そのような性格が、「本質の内に述語されるものを追求する」積極的な方法として主題的に採り上げられるのである。(12)

さて、問題の第二巻十三章では、アリストテレスは、問われている対象Xを説明するに当たって、Xを越えて広い外延にわたって述語されるが、けっして類を越えては述語されることのない属性に注目する。そのような属性が多数個あるとき、それらすべてを併せればXを述語されなくなることがなくなる場合に、それらの属性を重ねたもの（共通部分）がXの実体（本質）である、とする。たとえば、三ということの本質は、数であり、奇数であり、他のものによって計られないという意味で第一のものである（96a24-38）。この場合、初めに採り上げられたXは、不可分の実在（ἄτομα, 96b11-12. 後述するように個ではなくて種）となっている。

ここまでは属性論であって、特に分割は問題にはならない。しかし次のパラグラフ（96b15-25）[13]で、アリストテレスはやや唐突に類の分割に言及し（「数」を「3」と「2」に）、そのような分割によって獲られた「第一の不可分な形相[14]（3）」の定義を求めることを提起する（96b15-18）。もっとも、ここに提起された定義の探究は、定義それ自体というよりはむしろ「第一の共通のものをとおして〔類に〕固有の属性を観照しよう」[15]がためであるが（96b20-21）。それというのも、「不可分のものから合成されたもの〔類〕[16]に付帯する属性は、〔不可分のものの〕定義から明らかにされるからである」（96b21-1）。

同じく分割とされながらも、その手続きの煩瑣なことについては、たとえば『形而上学』Z巻十二章におけるそれからの隔たりには目を見張るばかりのものがある。しかし、思うに、それは『形而上学』における方が単純すぎるからなのであって、あのような動物分類をモデルにした形式では概念論の場面では全く無力であることは、容易に想像される。問題は、やはり属性論なのだ。問題は類に固有の属性を見出すことなのであるが、それは類の下に成る種の定義を通してそれと確認さるべきものであるが故に、このように煩瑣な説明になってしまうのである。

この事情は次の結論的な要約と一つ措いたパラグラフ[17]におけるその例から、具体的に了解される。

（J）〔定義を見出すには〕人は、類似してはいるが種的に未分化なものに目を向けて、まず第一に、それらが持つ同じものは何かを探究しなければならない。それから、さらに、これらとは同じ類の内に在り相互には形相を同じくするがこれらとは形相的に異なるものについても〔同様に探究しなければならない〕。……〔このようにして〕最後に一つのロゴスに到達するまで進まなければならない。そのロゴスが、事象の定義であろうからである。[18]（B13. 97b7-13）

バーンズは、アリストテレスはこの過程を分割法の補足として述べているのか、それに替る別の方法として述べているのか語っていないと言うが、[19]文脈的に見てもこれが分割法の要約以外にはありえないことは明らかである（傍線部の叙述には（D）の叙述を思わせるものがある）。バーンズの逡巡は『後書』第二巻十九章と『自然学』第一巻一章の過程（（A）（B）と（H））との類同性と以下に続く例とからこの過程を一般概念を獲るための抽象の過程と即断したためであろうが、（A）（B）と（H）との類同性は本章の考察からは逆にその分割法としての性格を主張する保障になるし、以下に続く例は、これがまさに問題事項なのだから、当然典拠にはならない。バーンズは、慎重を期して、かえって例を文字通りに受け容れる先入見に陥っている。

さて、問題の例は、次のようになっている。

（K）私が語ろうと言うのは、次のようなことである。気宇広大とは何かを探究する場合、我々が知っている気宇広大な人について、それらすべてが気宇広大であるかぎり持つ一つの性質は何かを考察すべきである。たとえばアルキビアデスが気宇広大であり、アキレウスもアイアスもそうである場合、彼らが持つ一つの性質は何か。それは、「侮辱に耐えぬこと」である。〔このために〕一人は戦争を仕掛け、一人は激怒し、一人は自害したからである。（B13. 97b15-20）

ここには、確かに、一見個々の事例からの抽象を思わせるものがある。これは、他でもない、例のソクラテスの価値理念に定義を求める際の方法、アリストテレスがソクラテスの帰納法と称したあの方法ではないか――(*Met.* A6. 987b1-4, M4. 1079b17-31, M9. 1086b2-5)。しかし、翻って想えば、ソクラテスの帰納法は、決して一般概念を抽象するというようなものではなかった。それは、プラトンの初期対話篇に見られるように、個々の事例を話の糸口として採り上げながらも、常に問題は、初めから、先取りされた一般概念の意味の究明にあったことから明らかである。ここにおいても、重要なのは、「侮蔑に耐えぬこと」という要素的な意味の成立である。この成立は、「気宇広大」であるとして採り上げられた事例に注目することによってなされる。このような事例への注目は、概念的には、「気宇広大」という類が措定されたことに相当する(それは、(A)と(B)において、一人の兵士の踏み止どまりにおいて普遍が静止するとされた了解に対応する)。「気宇広大」という類は、個々の事例に即して、「侮蔑に耐えぬこと」という形で具体的に説明されたのである。この過程は、個々の事例に即するかぎり帰納であるが[20]、同時に、概念的に言えば、それが類の分割になっている。分割は、いわば、帰納がなされる際に生ずる概念の彫琢である。帰納の場において主題的に問題提起された類は、それが分割(彫琢)の素材でもあるが故に、一つの要素的な意味の形式において具体的に自身を現出せしめたのである。

しかし、私は、結論を急ぎすぎたかも知れない。彫琢はいいとしても、その過程において取り上げられた「戦意」、「激怒」、「自害」といった個別的な概念はどのように位置づけられるのであろうか。この点を見遣るために、この例を分割の過程に当てはめて説明してみよう。「気宇広大」なる主題概念(S)に対して、まず、「戦争を仕掛けること(戦意)」、「激怒」、「自害」という三つの概念が、その内容を説く概念として挙げられた。この三者の広がりがSの類をなすわけであるが、その本質(実体)はこれら三者の「重なり合った部分(共通部分)」として、「侮辱に耐えぬこと（不忍）」とされたのである。これは種に相当する限定された意味（Ｐ）であるが、ＳからＰに至る過程は、たとえば最初に取り上げられた「戦意」が「激怒」した結果か否かで二分され、「激怒による戦意」が「激怒のあまり発した戦意」として「自害」に終わるか否かで二分されるということで説明されよう。これはあくまでもたとえばの話であって、順序は問題ではない。「戦意」、「激怒」、「自害」が種差として機能していることだけを押さえておけば十分である。ここでは、「不忍」なる種が「気宇広大」なる類で定義されたということではない。主題である「気宇広大」の下に集められた諸性質が適切に限定された結果として妥当な概念に帰着することが目論まれているのである。『後書』の底流をなす主題は自体的属性であったことを思い起こしてほしい。ここでは「気宇広大」は自体的属性、とくに自体的固有性なのである。自体的属性（自体的固有性）として採り上げられたからこそ、それは「不忍」という性格を帯びた特殊な基体（「侮辱に耐えられぬ人」）に対してその特殊性（固有性）にまで迫る定義として述語されたのである。(21)

以上が、分割の内実である。分割は、ただ概念を二肢分割すればすむと言ったものではない。形式的な二肢分割などということが、出来合いの生物の分類を別にすれば、実際問題としてあり得ないことは、少しでも常識を働かせてみればすぐに分かることである（アリストテレスが批判して止まないのは、プラトンに見られるかかる形式的な二肢分割である）。生物の分類における二肢分割は、一つのモデルに過ぎない。実質的には、既に述べたように、それは類的機能を果たす概念に含まれた意味の衝き合わせによる細分化である。類から始めると言っても、必ずしも集合の中に部分集合を採るという形式で進んで行くわけではない。

このように見てくると、（Ｋ）の意図する処は結局はいわゆる一般概念の抽象と変わらなくなるのではないかという疑問が、再度頭をもたげてくるかも知れない。しかし、その疑問に対しては、逆に、一般概念の抽象ということの具体的な在り方がここに示されていると言いたい。一般概念の抽象が論理的に突き詰めればすぐに分かるように、論点窃取の誤りを含む以上は、抽象説を持ち出しただけでは説明にならない。抽象説は問題提起に過ぎなくて、ここに示唆された内実の方が、アリストテレスの口吻は素朴であっても、むしろ求められた説明なのである。

さて、以上から、分割の過程が帰納に付随することの一つの証言は十分に獲られたと思うが、このことはまた次のように考えれば、至極当然の事実であると判明すると思われる。即ち、（A）（B）も（K）も、論証の原理である定義を求める過程である。定義は、形式的には、被定義項である種を定義項である類の下に位置づけることであるから、その成立のためには、類から種への限定が予め押さえられていなければならない。（D）に見られる形式的なモデルは、まさにこのことを示したものと解釈される。

ここから分割法の形式的なモデルとしての意味も、おのずから明らかになる。分割は、帰納的に獲られた定義に、自然から独立した性格を与える。すなわち、分割は、定義の帰納的な把握を定義が原理であるかぎりにおいて拒否することによって定義を概念的に鍛え上げるものである。これが、定義が、事象に即しつつも事象から独立した意味限定として措定される所以である（cf. I2. 72a21-3, I10. 76b36-37）。

これを事象の側から言えば、定義は本質規定であるにもかかわらず（あるいはそうであるが故に）、事象の一面的な把握に過ぎない、ということである。その一面はたしかに洗い出された形式として、本質論的な評価に耐えるものである。事象に潜む隠れた連関が、ここに探り出されたと言ってもよい。しかし、定義は反映ではない。定義から漏れる側面も、定義では汲み尽くされぬ豊かさも、ともに事象には当然のことながらあるはずである。

これは、本来必然的には表現されるはずの無い経験的な事象に対して必然的に発言しようとする定義の担う本来的な制約である。

定義から漏れるものがあるということは、定義は本来緩やかな限定しかなし得ないという定義における制約の正当化の発言である。事象はいくら詳細に記述されても、それが類をなさぬかぎり、定義の項目には入らないのでる。つまり、類的な発想によれば細部の描写はおのずから限られてくるのであるが、これを逆に言えば、類的な発想においては最初に主題として問題提起された類は最後までいわば基軸として具体的に機能しているとされよう（彫琢と言った所以）。これは、また、類による指示が最終的な定義が成る時点においても利いている、ということでもある。そして、これが、定義の実在論的な理解の（つまり論証の原理として実際に機能しうるという性格付けの）実質的な拠り処なのである。

第四節　感覚の両義性

『後書』第二巻十九章に視点を戻そう。（Ｂ）には、もう一つ論点があった。それは、傍線部（ｃ）、すなわち「感覚されるものは個々のものであるが、感覚は普遍にかかわる」という発言の解釈である。この発言は感覚の両義性とも言うべき思想の表明であり、（Ｂ）に続く『後書』末尾の一節の「論証知の原理は理性の洞察によって知られる」とする結論的な発言にも関連するものである。しかし、（Ｂ）においては、この主張は、単に αἰσθάνεσται と αἴσθησις の対照として提起されているだけで、それ以上には展開されない。これは、ひとまず、個々の感覚対象と一般的な感覚内容の対照として受け容れられているようであるが[22]、この点は辻褄合わせめいていて、いかにも苦しい。感覚だけでは知たりえないということは古代ギリシアの常識なのだから、この点はやはり主題的な考察が要求される。

この論点に関連して問われるのは、（A）（B）に続く文末のパラグラフにおけるヌース（νοῦς）である。[23] このパラグラフは、論証知の原理を把握する能力を論ずる結論的な一節で、その原理を把握する形式を論じた（A）（B）の後を承けたものである。そこに解答として出されたνοῦςは、ふつうintuitionと訳されているように理性的な洞察を意味し、論証知の原理は論証知ではあり得ないとする思想に基づいて導入されたさらに高次の認識能力である（100b13-15）。このようなἐπιστήμηとνοῦςの対照には、伝統的な哲学史における一般的な理論知と直覚知の対照が認められる。

このようなνοῦςは、第二巻十九章における登場は唐突だが、『後書』ではこれに先立って、第一巻三三章ではほぼ同じ文脈で提起され（88b36）、二三章では推論における無前提の命題に関係づけられる（85a1）。さらに『ニコマコス倫理学』においては、知的卓越性を論ずる第六巻において、特に一章を設けて同じ文脈で論じられている（VI6. 1141a7-8）。

問題は、このようなνοῦςの内実である。C・H・カーンはこのような認識能力としてのヌースのさらなる十全の了解を期して、『霊魂論』第三巻のνοῦςに言及する。[24] 即ち、第二巻十九章の問題を理性の現実化として再構成した上で、その現実化に、（a）日常的な概念化、（b）科学的原理の把握、の二段階を認め、『霊魂論』第三巻四章の受動理性の二相に対応を求める。それは、現実には何も描かれていない白紙に喩えられる段階（430a1）と、現実に知を有する人のようにすべてのものになりうる段階（429b5-9）とである。そして、現実化とは、前者から後者への展開であるとする（ただし、能力を持っている段階から働かせている状態への展開からは区別される。これは別問題である）。現実化の過程は、このように理解すると、そこには現実化を惹き起こす働きが自ずから要求される。これに答えるのも、理性の一局面である。『霊魂論』においては、この働きは、能動理性として問題提起されている。

カーンの意図は、実は、このような布陣の上に、当面の問題の感覚の内に受動理性の働きを認める点にある。それは、いわば、感覚の本質論的な復権である（これは帰納法の本質論的な性格づけに対応する）。カーンは、このような感覚を広義の感覚とも言う。感覚を字義通りにとれば、当然のことながら、（A）や（B）に認められる展開はなされ得ない。カーンも指摘するように、『霊魂論』第二巻の感覚論からすれば、感覚は個々の対象にかかわるだけだから（417b22, etc.）、普遍的な対象（普遍概念で指示される実在）は感覚することはできなくなってしまう。カリアスに会ってそこに人間を見てとるにしても、それは付帯的な意味においてにすぎなくなる。しかるに、我々は、ごく日常的に、カリアスの中に人間を感覚する。そうである以上は、感覚の中には、理性的な受容能力が可能的に潜在していると見なくてはならない。つまりνοῦςは、（B）の（c）に先取りされていたのだ。（A）の（b）は、魂のかかる構造を示している。

このようなカーンの理解については、私は、結論的には誤りではないにしても、思考態度自体が方法論的に逆転していると考える。カーンは、ここで、明らかなものを不明なものによって説明しているからである。『霊魂論』第三巻四章および五章は問題提起として採り上げられこそすれ、何らかの主張の論拠にはほとんどならない。『後書』第二巻十九章における感覚との対応は、むしろ感覚を論拠にして理性を考える可能性を示唆していると言うべきである。論究の順序としても、その方がよほど自然である。

カーンのように考えれば、感覚における受動理性の潜在は、感覚対象における普遍の潜在とともに、単なる自然的な事実にすぎなくなってしまう。カーンはこれを結論的に主張するが、これは何でも可能性の概念で説明する常識論である。カーンの功績はアリストテレスを感覚だけから普遍が獲得されるとする経験主義的偏見から救った点にあるが、これでは経験主義に匹敵する自然主義に陥ったと言うべきだろう。ここからは、能動理性は説明できない。「能動理性が無いと感覚に潜在する種的形相を把握するのに成功しない」と言うだけでは、説得力はない。

しかし、それでも、この考察によって100b15のνοῦςが問題の「普遍を我々の内に作り込む感覚」であることが確認されたことは、大きな収穫である。我々は、この確認の上に立つと、ヌース視覚される感覚とはいかなるものかと逆に問い進むことができるからである。その方向に、さらに考察を進めよう。

第五節　直覚知の構造

この考察の直接の糸口になるのは、『後書』第一巻三一章の構成である。三一章では、古典的な常識通りに、感覚だけでは知たりえないことが強調される。αἰσθάνεσται と αἴσθησις の対比もなされるが、文脈的には重点は逆に感覚するという個別的な行為の方に置かれていて、そこから結局は感覚は普遍には関わり得ないことが確認される（88a2）。しかし、そこに掲げられた例は、おそらくはその極限的な場合として思考実験されたものであろうが、このような一義的な理解では尽くされない性格を含んでいる。

（L）それゆえ、もし月面上に居れば、地球が〔光線を〕遮蔽するのを目の当たりにしても、月蝕の原因を知っていることにはならないであろう。いま月が蝕を受けている事実は感覚していても、何故そうなのかをも感覚することは全くないからである。感覚は本来普遍には関わり得なかったからである。(I31. 87b39-88a2)

これは、原因となる事象を直接目のあたりにしてもそれと気付かぬ場合として一般化されよう(いわゆる「見れども見えず」)。アリストテレスは月面に在れば地球が遮蔽するのが見えると考えていたようである)。これは大前提を知っていてもそれを個々の事象に適用できない(つまり小前提を知らない)ことからくる過誤(67a9-16)と同趣であり、形式的には、感覚だけではBaAとCaBの衝き合わせがなされ得ないためにCaAが導かれない欠落として解釈される。だから、「こういったことがしばしば生ずることを契機として、我々は普遍へと駆り立てられ、論証をもつに至る」のである(88a2-4)。

しかし、この例は、少し後の第二巻二章の探究論の文脈においては、その自明性の故に、「その事実もその原因も我々は探究はしなかっただろう」とされる(89a26-27)。つまり、月面上から見られた地球は、いわば原因を体現している特殊な事実(事象)なのである。このような事実には、わざわざ他に原因を探究する必要はない。このような事実は、その存在が既にその本質(それが何であるか)を含んでいる故に(II9. 93b22-23)、原因究明さるべき対象とはされないからである(原因の探究は原因が感覚されない場合に、それを媒介項として予想して三段論法(Barbara)に依拠した推定の演繹の形式でなされる。それが論証であることは、既に第一章で論じた)。

このような特殊な事実への注目は、実は第一巻三一章でもなされている。三一章の後半は、一見唐突に、次のように切り出されている。

（M）しかし、問題によっては、〔原因の探究は〕あるものについては〔なされ得ない〕、それを目のあたりにしてしまったならば、我々はもはや〔原因の〕探究などしなかったであろう。もっともそれは見ることによって知ってしまったから、というのではなくて、見ることから普遍をもつに至るという理由によってではあるのだが。（I31. 88a11-14）

続く例は、いわゆるものを燃やすガラス（レンズ）であって、ガラスがものを燃やすという現象の原因をガラスにあいた小穴を光が通過する事実が見て取られたならば、もはやそれ以上には原因究明の問は問われない。それと言うのもそこにおいて既に普遍的な原因は、知られないにしても、見て取られているからである[25]。

以上の照合から、私は、（L）についても、（L）およびその基盤にある感覚は知たり得ないという思想は、アリストテレスにおいては感覚の普遍性を排除するものではないと考える。（L）の文脈では、また、「感覚されるものはこの何か τόδε τι である」（87b30）というように、通常は τὸ κατὰ ἕκαστον とさるべき処に、τόδε τι が使われている。アリストテレスは τόδε τι なる術語で感覚の知とのかかわりを暗示している。（L）においては、その τόδε τι なる性格は、その事象の直接的に原因となりうる性格を指示しうるからである。それは、実体において τόδε τι 性がそのまま普遍に連なるのと同断である。

つまり（L）には、個がそのまま普遍に通ずるありうべき事象の一局面が現れているのだ。このような局面においては、見れども見えずということは、本質論的に言って何ら問題にはならない。このような事象の指示においては、認識論は視野には入らない。それは心理的な問題に過ぎない。ここでは、気付く気付かぬにかかわらず、当の対象が指示されることだけが関心事であるからである。

そこで『後書』第二巻十九章に視線を戻して言えば、（Ｂ）の第三の論点の感覚の両義性とも言うべき思想は、以上の考察から、実体の両義性とも言うべき性格に対応すると見ることができる。それは αἰσθάνεσται と αἴσθησις の両義性ではなくて、αἰσθάνεσται される対象そのものの両義性である。その意図《こころ》は、（Ｌ）に例示された事象の特殊性にある。ここで注目さるべきは、（Ｂ）の文脈においては、（Ａ）に例示された潰走中に止まる最初の一人に見られる形式である（その一人は感覚される個的な対象であるが、そのまま「最初の普遍」たりうる存在であった）。感覚がこのような事象を（Ｍ）の文脈において受け容れると、感覚は「我々の内に普遍を作り上げる」。これが、（Ｂ）の（ｆ）の「このように」の内容である。(26) そして、同時に、この過程が、帰納の内実である。

もっとも、このように言うと、帰納において問われるのは日常的な事象であって、本質（原因）を体現しているとされるような特殊な存在ではない、と反論されるかも知れない。しかし、この点は、まったく問題にならない。どんな事象でも、帰納的に採り上げられている限り、それぞれの状況において、それなりの本質を体現していると評価されるからである。帰納的に採り上げられたときには、指示さるべき同一の相は既に顕現せしめられていると考えられるからである。

可能的（潜在的）ということも、むしろこの時点で利いてくると言うべきである。事象が可能的に負っているとされる同一性が顕現せしめられるのも、この帰納の場においてであるからである。そして、この帰納の働きを推進するのも、同様に、可能的とされた理性である。（Ｍ）の文脈においては、実は、理性は既に働いていたのだ。感覚が指示するのは、このように理性によって顕在化せしめられた同一性なのである。

かくて、理性の原理的な働きは、感覚による指示を可能にする条件である。かかる条件は、感覚が実際に働くときに、感覚を言わば先験的に支配する形式である。感覚に潜在するとされる理性も、事象に潜在するとされる普遍も、ともにこの先験的な形式の現れとして理解することができる。このように考えを進めることが許されるなら、問題の発端であった感覚の両義性ということは、やはり我々はこれを文字通りに、しかも強義に受け容れなければならないのである。

ところで、理性の働きとは、実質上は思惟であった。理性は事象の指示されうる可能性（潜在する普遍）を思惟することによって事象を現実化するものであるが、かかる理性は、究極的には自己自身を思惟し、自身の内に残る可能性を現実化し尽くす。この現実化ということが、思惟の思惟とされる根源的な能動者、『霊魂論』においては第三巻五章で能動理性とされたかの謎めいた存在の働きである。理性を先験的な形式に擬えて理解すると、その理解はこのように能動理性にまで延長される。以下、補遺のかたちになるが、このような統一的な視座に定位して、『後書』文末の一文の新しい解釈を提案して結びとしたい。

問題は、『後書』文末の καὶ ἡ μὲν ἀρχὴ τῆς ἀρχῆς εἴη ἄν, ἡ δὲ πᾶσα ὁμοίως ἔχει πρὸς τὸ πᾶν πρᾶγμα.（100b15-17）なる一文である。この一文は、前文との関連が定かではない処から、また、これが『後書』の結びでもあるという特殊事情も相俟って、古来注釈家たちを悩ませてきた曰くつきの一文である。問題の焦点は、ἡ πᾶσα である。古来からの一般的な解釈ではこれを ἡ πᾶσα ἐπιστήμη と読み、ἀρχή である νοῦς との間に段階的な違いを認めようとするものであるが、これを私はあっさりと ἡ πᾶσα ἀρχή と読み、ἡ ἀρχὴ ἀρχῆς との対照が意図されていると考える。すなわち、ἀρχὴ ἀρχῆς は νόησις νοήσεως に擬えられる表現で、ここには究極の能動者の存在の形式が見込まれているとするのである。もっともいま問題になっている ἀρχή としての

νοῦς はそのような超越的な局面における働きではなくて、具体的な事象にかかわる働きである。しかし、形式を見るかぎりは同じである。だから、ὅμοιως なのだ（この点に強調がある）。いま論じたように、理性の事実上の働きは、言わば事象に対する感覚的受容を先験的に支配する形式であったからである。そこで、試みに訳してみるならば、

（N）直覚知ヌースを措いて何者も叡知以上に真なるものは在り得ないからには、またこう言った経緯で論証の原理は論証では在り得ないと考えて見ても、叡知も叡知の原理ではないだろう。そして、実際に我々は叡知以外に何ら真なるものは持たない以上、直覚知ヌースが叡知の原理になるだろう。原理は〔究極的にはその一つ一つが〕原理〔自身〕にかかわるのであろうが、全体として見るならば、同じ形式で、事象全体に関係するのである。（100b15-17）

この読みに難点が残るとするならば、やはり πᾶσα という限定で個々の場合を全体として一括するという用語法に対してであろう。しかし、それに対しては、この πᾶσα は客観的な事象全体を指す πᾶν πρᾶγμα の πᾶν に対応したもので、ここでは原理的な働きも、言わば神の視座から客観視されていると言いたい（客観視されなければ、原理はその一つ一つが νόησις νοήσεως という自己述語的陥穽を孕んだ形式で考えられる）。πᾶσα は全称量化子であるが、ここではむしろ視点を変えることによって自己述語的陥穽を避ける限定詞として働いている。そして、このような用語法は、客観知の成立に敢えて固執する『後書』の結びとしては、むしろふさわしいものと考えられるのである。

註

（1） もっとも伝統的な解釈においては、アリストテレスが抽象的な演繹形式の彫琢に成功したのに対して、帰納に関する取扱いは、不完全で、組織化されておらず、満足の行くものではないとされもする（cf. W. N. Thompson, *Aristotle's Deduction and Induction:Introductory Analysis and Synthesis*, Rodopi, 1975, p.81）。しかし、それを伝えるトンプソンも断るように、それは ἐπαγωγή の一面であり、もう一つの側面として、直覚知的な理性（ヌース）の働きにより個々の事象の内に普遍を直観するプロセスも、当然のこととして数え上げられている。従来の解釈史ではこの両面の不調和がアポリアとして提起されていたが（cf. W. D. Ross, *Aristotle's Prior and Posterior Analytics*, Oxford, 1949, pp.481-85, Intro. pp.49-50. もっともロスは ἐπαγωγή の諸相として理解しているようである）、後者の側面をオーエンが科学的発見の論理としてではない弁証論的な議論として性格づけて以来（G. E. L. Owen, Tithenai ta Phainomena, *Aristotle et les problemes de la method*, Louvain, 1961）、特に本質論的とも言うべき側面に照準が当てられているようである。この視角からなされた論考としては、D. W. Hamlyn, Aristotelian Epagoge, *Phronesis* vol. XXI No.2 と、それに触発された T. Engeborg - Pedersen, More on Aristotelian ἐπαγωγή, *Phronesis* vol.XXIV No.3, 1979、さらにはそれを批判する Th. Upton, A Note on Aristotelian ἐπαγωγή, *Phronesis* XXVI no.2, 1981 等がある。本章は、これら一連の論考と同じ基盤の上に成る。

（2） この点に関しては、本書第三章、第四章で主題的に論じた。

（3） この点も、本書第一章で示唆した。なお、浅野楢英も別の脈絡からではあるが、同じ思想を表明している（「アリストテレスの機能（エパゴーゲー）について」（Ⅰ）（Ⅱ）、『東北大学教養部紀要33、35』一九八一年二月、一二月）。

（4） この訳文は、ἐρωτήσαντος τοῦ καθόλου を先行する ἐκ παντὸς の παντὸς から分けて独立属格に読んだもので一般の解釈とは異なるが、加藤信朗訳に従ったものである（岩波旧版『アリストテレス全集』第一巻八三頁註（8）参照）。

（5） D. W. Hamlyn, Aristotelian Epagoge, *Phronesis* vol.XXI no.2,1976, pp.177-78

（6） このような了解は主題的に論じた定義の問題（類に対する定義）と重なり合うものである。潰走の比喩の内にこのような概念的な性格を見るのはヒンティカである（J. Hintikka, Aristotelian Induction, *Revue Internationale de Philosophie—La Methodologie d'Aristote*, 1980, p.139）。ヒンティカは経験主義的と見られる『後書』の内にも弁証論的性格が認められることを指摘し（この指摘はオーエンの見解の曲折的需要の上に成る）、潰走の比喩においても各々の兵士がそれぞれの持場を見出す以前に陣形全体の秩序が再編成されていなければならない、と主張している。

（7）この点は、バーンズも、何の疑問もなく、「アリストテレスの仕事は我々がいかにして種から類へのポルフィリオスの木を登るかを示すことにある」と断言している（J. Barnes, *Aristotle's Posterior Analytics*, Oxford, 1975, p.255）。

（8）トレデニックは、この *ἀδιάφορα* を（F）と照合した上で、最低種ではなくて個であるとしている（H. Tredennick, Loeb, 1960, p.259 note d）。

（9）ロスは、この *ἀμερές* は類一般ではなくて、種差と種に分解されえない最高類であるとしている（W. D. Ross, *ibid.*, p.678）。しかし、その典拠として挙げられた箇所（1014b6ff, 1022b22ff, 1084b14）は、いずれも *καθόλου* に関する叙述だから、*ἀμερές* の典拠にはならないのではないか。むしろ、当箇所が唯一の典拠になっていることを間接的に表明していることになる。

（10）Cf. W. D. Ross, *Aristotle's Physics*, Oxford, 1936, p.458.

（11）もっとも、ロスもチャールトンも、（a）を単に *ἀνάλυσις* で済ませているところからすれば、ここに術語的な分割法の過程を認めてはいないようである（Ross, *ibid.*, p.337; Charlton, *Aristotle's Phisics* I&II, 1970, p.1）。しかし、これは大きな見落としである。

（12）ロスは、本章を八―十章の定義論に結び付けて理解している。すなわち、九章で論じられた直接的な事象の非原因的定義の詳述である（Ross, *ibid.*, p.656）。バーンズも簡単に定義を発見する方法であると言う（Barnes, *ibid.*, p.231）。

（13）このパラグラフは、古来難解とされてきた箇所で、解釈の岐れる処であるが、パキウスに全面的に従うロスによれば、類をなす個々の事物の本質となる属性を見出す手続きを明らかにしたものである（Ross, *ibid.*, pp.657-58）。バーンズは、これが最低種と最高類の間にある項を定義する試みになると指摘して前後のパラグラフから浮き上がる点を批判するが（Barnes, *ibid.*, p.231）、むしろ私は、ロスの解釈（伝統的な解釈）は先行するパラグラフの属性論を素直に承けたものとして評価したい。但し、このように解いても、それでは類と当の属性の関係はどうなのか、類の分類がどうしてそのような属性を見出す手続きになるのか等と、疑問は拡大する。すべては分割法の実質的な了解に委ねられるのである。

（14）ここは *τὰ πρῶτα* の取り方によって解釈の岐れる処であるが、伝統的な解釈に従って最低種のことであるとしておく。

（15）ロスはこの表現に固有な属性の deductive な導出のニュアンスを認め、この一文を含む当パラグラフを十三章全体の内での独立性を主張する（Ross, *ibid.*, p.658）。しかし、最低種の定義に立ち戻って類に固有の属性を考えることは、別段ロスが言うように clearly imposible なことではない。ロスは分割の過程を機械的に概念の二肢分割としてのみ考えるので、発想が硬直化している。

(16) ロスはこのような表現は類にふさわしくないとするが（Ross, *ibid.*, p.658)、本論に示した一貫性に従って、敢えて類で通すことにする。

(17)（J）と（K）の間には、『形而上学』Z巻十二章とほぼ同じ趣旨の分割法の特質を述べる一文が挟み込まれている。このことから、アリストテレス自身としては、『後書』第二巻十三章もZ巻十二章も本来的には同質のものとして見ていたことが推測される。

(18) 実は、この引用にはすぐに、「だが、もしこれが一つのロゴスに到らず、二つもしくはそれ以上のロゴスに至るならば、明らかに、探究されているものは一つのものではなく、多数のものであろう」という一文が続いている。（K）の後にも、もう一つ、リュッサンドロスとソクラテスの「運不運に無関心なこと」が、「気宇広大」のもう一つの例として挙げられている。これを形式的に見ると、「気宇広大」という類が「侮辱に耐えぬこと」と「運不運に無関心なこと」の二つの種に分割された、と即断されるかもしれない。そのように論じている評者も居るが、それは明らかな誤解である。それぞれにおける気宇広大は、人における動物と馬における動物とが同じであるように同じではないからである。これについては、私は、同語異義的な場合に必ず言及するアリストテレスの件の発想の現れであると考える。

(19) Barnes, *ibid.*, p.237.

(20) ヒンティカは、ここに『前書』第二巻二三章の帰納的推論の定式との対応を認めている（Hitikka, *ibid.*, p.237）。

(21)「気宇広大」は本書第二章で論じた自体的属性（自体的固有性）の典型的な例として掲げられよう。ここは、「屈辱に耐えぬ」という特殊な性格の人物に対して、その人物を「他の人々から切り離す」特殊な性格として挙げられている。

(22) この対照は当巻の訳文にも見られるように、当巻の冒頭近くから終結部近くまで繰り返し訴えられている主張であり、アリストテレス感覚論の基調とも言えるのである。本書でも折に触れて言及してきたが、問題提起そのものが概念的に釈然としない処から、決定的な断定はつねに先延ばしにされてきた。本節の叙述はその負債に対する一通りの結論である。

(23) このヌースに対する考察は、次の諸論文に負っている。

J. H. Lesher, The Meaning of NOUS in the Posterior Analytics, *Phronesis*, vol.XVIII, 1973.

L. A. Kosmann, *Understanding, Explanation,and Insight in Aristotle's Posterior Analytics*, 1973.
C. H. Kahn, The Role of NOUS in the Cognition of First Principles in Posterior Analytics II 19, *The ‹Aristotle on Science›*, Padova, 1981.

なお、バーンズはその注釈書で、帰納とヌースは当第二巻十九章の別々の二つの問（原理はいかに知られるかと原理を把握する能力は何か）に対する解答として提示されていることを指摘し、従来の解釈がその二つの問を区別しないことから、アリストテレスの内に経験論と合理論の混同のアポリアを招来した、と批判する（*ibid.*, p.257）。しかし、その結果として得られるバーンズ自身の「ヌースは『後書』では哲学的に主要な主題ではない」とする結論（p.259）は、自らの視座の設定の不適切なことを示しているとは言えないか。

（24）本書第一章註（3）参照。

（25）T. Engberg-Pedersen, *ibid.*, pp.308-09.

（26）「帰納によって」と解するにしても、このような文脈から言うのでなければ意味はない。この点、エングベルグ＝ペデルセンは正しく指摘している（*ibid.*, p.317）。

付論一　数学的真理の問題

アリストテレスのイデア論批判の最大の焦点がイデアの離存性にあったことは、プラトンとアリストテレス両人の思考パターンの対照をよく示す事実として、言わばモデル化されて受け容れられている。しかし、この論点は、アリストテレスの批判の正当性を無条件に保証するものとして、過度に評価されてきたきらいがある。この論点は、数学的対象に関しては、ストレートには認められないからである。数学的対象に関しても、アリストテレスはプラトンの離存的な了解を批判するのであるが、そこに展開される思想的葛藤は、イデア論批判の場合とはいささか状況を異にする。本論で、私は、この点に照準を合わせて、離存性批判の意味の別の側面を探ろうと思う。

プラトンにとって、数学的対象は、言わばイデアそのものであった。それは、イデアの例として提起される三角形そのものを考えてみれば明らかである（三角形をイデアの例として挙げるのは幾分通俗化された印象を与えるが、三角形はイデアの条件を文字通り満たしているので止むを得ない）。それに対して、アリストテレスは、数学的対象に関しても、それを個々の自然的個体から切り離しはしなかった。たとえば、三角形にしても、アリストテレスにとってはあくまでも経験的な個体の面的限定としての形態であり、純粋に想定された極限形態にしても、たとえば木製定規の三角形であった。

しかし、この著しい対照も、やはりそれを指摘するだけでは皮相的である。三角形はアリストテレスにとっても応用数学の上位に立つ純粋数学の対象であり、また、三角形の内角の和が二直角であるという命題の真理性も無条件に認めているからである。

それでは、両人の違いは、実質的には無いのか。そうではない。それを、私は、算術的な対象である数の了解の内に認める。数は、幾何学的対象のように一見自明ではないが、それだけに、その概念規定には幾何学的対象の場合以上に手の込んだ措置が要求されるからである。

まずプラトンは、数を離存的な客観的実在として了解するために、イデア数なる特別の数を構想した。それに対してアリストテレスは、数もイデア論批判の筋書どおりに、具体的に個体が一個二個と数えられる状況からの抽象によって獲られるとした。しかし、言わばこの一見常識的な了解も（実際後述するようにこれは当時の共通的な了解であったと推測される）、イデア数の論理とのきびしい拮抗の上に成るものであるからには、また別種の論点を提供するであろうことは予め察しがつく。問題は、特別の名前で呼ばれるか否かは別として、数は客観的に実在するのか、また、数が客観的に実在するとはいかなることか、ということである。これは、現代の数学基礎論に直結する論点である。

本論では、以上の問題関心の下に、まず私は、アリストテレス、プラトン両人の数に関する了解を『形而上学』MN両巻の読解を通して、正確に再現することに努めたい。両人の構想の焦点には無限の観念があるからには、正確な再現はおのずから無限の問題へと収斂する。そこから、現代の数学基礎論の問題への照射も期待されることになる。

一　「数えられた数」

この何か τόδε τι として指示される個体実体に存在論的優位を認めるアリストテレスにとって、数の存在を考える契機は、何を措いてもまず第一に、その個体が一つであるという事実の内にあった。それはアリストテレスが好んで使う個体実体に関する「数において一つ」という常套句のうちに先取りされて表現されていると言えよう。一つであるということは、個体が本質論的な位相で実体として問われるための条件である。それゆえに、一つであるということは、個体実体の存在に既に概念的に内含されるのである。

算術家は、この「一つである」ということをモナス1として抽象する。かくて、「1は数の数である限りにおける原理である」(*Met.* I1. 1052b23-24)。モナスは、言わば数の質料的な要素である。そして、「数とはモナスから成る多である」(1053a30)。このことは、エウクレイデスにおいても、『原論』第七巻の数論の冒頭において、定義として掲げられているものである。

定義1　モナスとは、存在する各のものがそれによって1と呼ばれるものである。

定義2　数とはモナスから成る多である。

エウクレイデス自身はアリストテレスより少し後の人物であるが、『原論』はそれまでの数学的認識の集大成であるから、このような定義はプラトンやアリストテレスにとっても、言わば基本的な前提的了解事項であったと勘案される。

アリストテレスにおいて特徴的な点は、モナスの集積の成立を数えるという行為に基づかしめ、数えるという行為において数は生成するとしている点である（これは後述するイデア数の特異な生成を批判する支点であり、『形而上学』MN両巻における基調でもある。なお、ここに言う生成が実際にいかなる事態を言うかは、本論の一つの主題である）。そして、「数を数えるには、必ずモナス1を加えることによらなければならない」（*Met.* M7. 1081b14-18、あるいは「モナス1の倍加」N1.1091a10-12）。それゆえ、「2や3は、派生的な名前に過ぎない」（*Phy.* Γ6. 207b8）。数はすべてモナスの拡張（モナス的（μοναδικόν））なのである（M7. 1082b6-7, M8. 1083b17, cf. M9. 1084b33）。ここでは、個体実体の存在が依然として強い翳を落としている。個体実体は、我々が数える場面において言わば単位として機能するのである。数学は「離れて存在しないものを離れて存在すると措定することによって」遂行されるのであるが（M3. 1078a21-22）、このような措置は、何も改まって数学の実践を俟たなくても、数えるという我々の経験的行為において遂行されている。我々の経験世界に個体実体が存在するかぎり、数も存在するのである。

このような数は、「無限」[1]に「存在」する。数えるという行為は、つねに上限を超えて、限り無く先へ先へと引き伸ばされるからである。

かかる無限は線分（連続量）の分割においても認められる。『自然学』Γ巻におけるよく知られた定義によれば、

（A）無限は付加と分割においてある。（Γ6. 206a15-16, cf. Γ4. 204a6-7）

（B）無限は可能態において存在する。（Γ6. 206a8-9）

ここに言う可能態は、やがて現実化さるべき前段階としての可能態ではなくて、けっして尽きることのない

(207a1) 状態にあるという意味における可能態である。しかし、

（C）永遠的なものにおいては、ありうることとあることとは変わりはない。(*Phy.* Γ4. 203b30)

数と数える行為がけっして尽きないということは、現実化されることがなくても、数が無限に存在することと同価なのである。

事実、ゼノンの二分割の逆理を却下する論拠はまさにこれであり（「運動体は二点の間の可能的に無限に存在する点を通過するのであって、現実に無限の点を辿るのではない」*Phy.* Θ8. 263a5-b9）、また、それゆえに、ゼノンの逆理の言わば逆手を取って迫るとも言うべき物体の無限分割に関するデモクリトスの不合理なテーゼ（「物体を無限に分割すれば大きさの無いもの、もしくは点になる」(*De Gen. et De Corr.* A2. 316a15-26) も、帰謬法の前提として、ひとまず容認されることともなるのである（「木片は可能的にも完全に分割されているわけである」316a11-12, cf. b23-24)。数についても、それが限り無く生成する可能性があるならば、たとえ生成したものであったにしても、まさにその生成の概念の故に、無限に存在するとされるのである（この述べ方の不透明性の検討については後の課題に残す)。

かくて数の体系は、数えるという人為を媒介しながらも、個体実体の存在論の下に、可能性の拡張された意味に支えられて、意識からは独立のはずの実在論的な体系として認められることになる。ここでは実在論的な確信は、抽象説的な議論の構成に優る。抽象説的なニュアンスも見かけの相貌に過ぎない。このような体系は、一人アリストテレスだけのものではなくて、当時の数理思想の平均的な了解だったと推測される。

二　イデア数

しかし、プラトンは、以上のような言わば素朴な数理解には飽き足らずして、イデア数なる特別の数を構想した。イデア数に関する叙述は現存のプラトンの作品の中にはどこにもなく、アリストテレス等の報告にあるように、『不問の教説』の中に秘教的なかたちで伝えられていたことが推定されるだけである。しばしば引用される『形而上学』A巻六章の叙述によれば、その構造は次のようになっている。

（D）〔プラトンは〕質料としては「大と小」が、実体（形相）としては「1」が〔イデアの構成要素としての〕原理であるとした。というのは、「1」に与ることによって「大と小」とから数は存在するに至るから、というのである。（*Met.* A6. 987b18-22）

しかるに、かかるイデア数論をはじめピュタゴラス派やスペウシッポスの特殊な数論を批判検討する『形而上学』MN両巻の合理的な分析においては、この幾分神秘主義めいた構造も、その表層を剥奪され、その論理の骨格が洗い出される。M巻六章の批判的検討の見取図によれば、イデア数を考える第一の論点は、その単位（モナス）が比較可能（συνβλητός）か否（ἀσύμβλητος）かということなのである。数学的な数（自然数）が比較可能な単位から成るのに対してイデア数の単位は比較不可能とした上で、アリストテレスはこの二種類の数を次のように対照する。

（E）それゆえに、数学的な数は、1の次には2がこの1に他の1を加えることによって数えられ、また3がこの2に他の1を加えることによって数えられ、以下同様に残りの数も数えられるが、このイデア数は、1のつぎにはこの第一の1を抜きにして別の2が、そしてこの2を抜きにして3が〔成立し〕、その他の数も同じ仕方で〔成立する〕。（M6 1080a30-35. 傍点引用者、以下同様）

しかし、イデア数の単位は、すべてが比較不可能というわけではない。単位は数が成立する共通の尺度であるから、比較可能であるということは数の成立のためには当然要求される必要条件で、すべてが比較不可能ということになれば、イデア数もそもそも数としての性格が保証されないことになってしまう。アリストテレスは、M巻七章の実質的な批判検討において、すべての数が比較可能なわけではなく（この場合は自然数しか成立しない、1081a17-19）、すべての単位が比較不可能なわけでもなくて（この場合にはイデア数も成立しない、*ibid.* a17-19）、ある単位は比較可能であるがある単位は比較不可能である場合を残し、イデア数が成立するとすればそこにおいてしかありえないとする[2]。検討の結果を先取りして言えば、イデア数は同じ数においては単位は比較可能であるが、異なる数の間では比較不可能ということである。たとえば、イデア数3の中の三個の単位はそれぞれ等しく比較可能であるが、この単位はイデア数2の中の単位とは比較不可能である。このことは、イデア数の第一の性質として、はっきりと抑えられる。

A巻六章の秘教的な一節は、この文脈においては、イデア数の生成の形式を説いたものとして受け容れられる。「大と小」は、M巻においては、「イデア数2の形成者（δυοποιός）」の「不定の2」である。「不定の2」は「等化されることによって（ἰσασθέντων）」「最初の2（イデア数2）」になる（M8. 1083b23-24, b30-32, M7.

1081a25, N4. 1091a25)。この「等化」ということは、イデア数の構造を解く鍵になる概念なので、その詳細は第四節の主題的な検討に残したい[3]。

イデア数の性質規定としては、さらに、イデア数には上限があり、プラトンはイデア数を10までしか認めていなかったらしい、ということが挙げられる（M7. 1082a1-15, M8. 1084a12-b2, N1. 1088b10-13, Λ8. 1073a19-22, *Phy.* Γ6. 206b27-33)。それが何故10でなければならないかについては確たる根拠は見当たらないが、イデア数に関してプラトンが無限を拒否していることだけは察知されよう。これは、無限を考えるに当たって、一つの大きな材料になると思う。

以上三点は、初めにアリストテレスの数理解に即して描いた自然数の性質規定にそれぞれ対応するものである。以下、それぞれにわたって、その意味を立ち入って考察して行きたい。

三　不定性としての無限

イデア数の生成の論理を考えるに先立って、もう少し「大と小」に関するアリストテレスの発言を顧みておこう。アリストテレスは、『自然学』Γ巻の無限論において、はっきりと、

（F）プラトンは無限を2、即ち大と小とであるとした。（*Phy.* Γ4. 203a15-16）

と証言している。さらに、少し間をおいて、その無限の内実を説いて、

（G）プラトンが無限を2であるとしたのは、増大の方向にも減少の方向にも限界を超えて進んで行くことが出来るからである。（*Phy.* Γ6. 206b27-30）

とも言う。文脈的に想を追うと（F）は（D）に対応し、問題の「不定の2」は無限の変容を許す状態の謂であるとも思われる。しかし、（G）は内容的には明らかに（A）に対応するから、ここに言う「2」は「不定の2」の如き術語的な意味を集約したものではなくて、単に無限が二種類ある事実を言うに過ぎないとも判断される。ここには小さからぬ齟齬がある。

『自然学』全般に目を転ずれば、顕著な例としては、まずA巻の原理論の回顧において、「大と小」は自然学者の「濃厚と希薄」に相当する反対原理の一例として挙げられる。但し、自然学者において「濃厚と希薄」が質料的な一者を限定する形相的原理であるとされるのに対して、プラトンにおいては「大と小」は「一」なる形相によって限定される質料的原理である（*Phy.* A14-20）。また、Δ巻の場所論においては、「大と小」は『ティマイオス』篇の場（コーラ）の概念に相当するとされる質料的な受容体（μεταληπτικόν）である（*Phy.* Δ2. 209b11-16）。Δ巻二章では、さらに間を置いて、「プラトンは何故イデアや数が〔大と小という受容体である〕場所（トポス）の中にないのかを言うべきであった」と論難する（209b33-210a2）。これらから判断すると、（F）と（G）は、どうしても、その思想の成立基盤において（D）と同じ文脈にある、と考えないわけにはいかなくなる。しかし、そうなると、無限が数の無限性を含む文脈において、何故にイデア数2の形成者が無限に関係するのか、分らなくなる。

ここで少しく視角を転じて、プラトン本人における無限に関する扱いを見ておくことは、無駄ではあるまい。

プラトンは、『ピレボス』篇において、存在の原理として「一と多」に加えて「限定と無限」を提起する。あらゆるものは限定と無限を「自己自身の内に本来的な同伴者として有している」（*Phil.* 16c）からである。そうなると、あらゆるものは限定された一つのかたち即ちイデアが宿ることになるわけであるから、諸物の探究に際してはまずそれを探らなければならない。――ここまでは、よい。しかし、ここから以降、議論は急速に数の存在論へと収斂する（4）（もともとは「一と多」の問題提起の上での展開なのだから、プラトンとしては有無を言わせぬ筆致である）。しかし、プラトン扮するところのソクラテスの言葉は、次のように晦渋を極めたものである。

（H）……そして、それを拒んだら、1のイデアの次には2が何らかの仕方でありはしないかとよく見なければならない。もし無ければ、3なり他の数を探すのだ。そして、〔そのような数を構成している〕1の各について、また同じ仕方で、最初の出発点になった1が1であり多であり無限であるということを見るだけに止まらず、それが一定数の多であることを見る処まで進まなければならない。（*Phil.* 16c-d）

これだけでは何についての発言なのか定かではないが、定かならぬ内にも、先の引用（E）との形式の一致には驚くべきものがある。ここに挙げられた1、2、3という数はそれぞれイデア（かたち）なのであるが、それぞれ前者から独立に、前者が無くても成立する点は、イデア数の生成の形式に一致する。かかるイデア（かたち）の数は、当の事物の質料性の故にすぐに無限に（つまりどこまでも限り無く）拡大されるのであるが、肝心なのはそれを直ちに無限とすることではなくて、それがいくつあるかを見て取ることである。（H）に続いてすぐに、「1と無限の中間にある数のすべてをよく見るようにしなければならない」とされる所以である。

ところで、ここに主題とされているものは、実は音声（φωνή）である（17b）。音声は、発語の場合でも旋律の場合でも、一つとして採られた状態の中に無数の（無限に分割される）分節を含む。文法家は、その状態の中にまず一つの母音のかたちを見て取り、順次その数を増やしてゆく（18b-C）。音楽家も、その無限の状態を高めの音と低めの音として捉えた上で（17c）、その間に一つのかたちを音程として採り出す（17c-d）。

こうして見ると、最初に与えられた無限の状態は、一般化すると「多と少」（「多めと少なめ（τὸ μᾶλλον καὶ ἧττον）」24c）という反対概念から成る一対として表現されていることが分る。これについては、プラトンは、次のように断言する。

（I）もっと暖かくもなればもっと冷たくもなる、と言ったものについてまず見てもらいたいのは、そこに何か限定を認めることができるかどうかという点だ。あるいは、むしろこの類のものにはもっと多くなればもっと少なくなるということが宿っていて、それが宿っている限りは終わり（テロス）の生ずるのを許さないだろう。終結（テレウテー）が生じたら、この両義的なものも終わってしまうからだ。（*Phil.* 24a-b）

ここまで話が進めば、アリストテレスが「大と小」を無限と見たのもあながち無理なこじつけとは言えないだろう。（G）の両方面への進展ということは、素材として与えられた無限の状態に対するアリストテレス流の語法による評言として受け容れられるからである。但しこれをただちに（A）の付加と分割に対応せしめるのは早計である。逆に（A）の付加と分割も、この文脈に引きつけて了解すべきであろう。さきに齟齬であるかに見えた二方向へ向かう無限も、「不定の2」の無限の変容の具体的な在り方を示唆するものであったとも了解されよう。

それでは、無限に対照される限定の内実は何か。それは、「等」であり、「二倍」であり、また一般に、単純な数の間に成り立つ比である（25a-b）。そして、このような無限と限定の混合によって成る第三の原理が数なのである（25e）。

そこで、引用（H）に戻って言えば、数は「多と少」が無限の程度を許すのを食い止める限界である。数的限定を受けることによって、ものは無限の変容の過程から救出されて「存在」する。つまり、「存在」は量的限定ならぬ数的限定の上に成る。ここでは、数は無限への進展（凋落？）を抑える現実の働きである。無限への進展は数の特質ではなくて、それは質料的に放置された不定の状態の特質だったのである。かかる状態は、数が生成した時点で、消去される。

このように、無限は、数を考える表向きの舞台からは影を消す。しかし、数が生成するかぎり、それを支える母体として、その存在は保証される。それが、「不定の2」なのである。

それでは、ここに「生成」した数は、単位1の付加によって成るはずの無限の数とは如何に関係するか。——この問は、たとえプラトンがアリストテレス流の数の生成を認めないにしても、依然として残る。そこで、次に、MN両巻の批判的検討の文脈に戻って、この問題を具体的に考えよう。

四　イデア数の生成

『ピレボス』篇の下絵に従えば、イデア数の生成の形式は一義的に決まる。本節ではそれを解明するが、それに先立って、一つ仮定を加えて、イデア数の存立の構造を再構成しておきたい。

問題は、イデア数と数学的な数（自然数）の関係である。私は、この関係を考える契機として、イデア数に与って成立するはずの数を新たに導入し、アリストテレスの言うところの「規定された数」[5]をそれに充てることにする。すなわち、たとえば「規定された２」は、イデア数２に与って成立するイデア数と同じ構造を示す複数の（つまり様々な場面に見られる）２である。すると、複数の「規定された２」から２であるかぎりの性質を抽象することも可能である。ここに抽象された性質２は、その単位の在り方にかかわり無く成立する存在であるから、その単位に注目すれば比較可能なはずである。よって、ここに抽象された２は、自然数２に重なる。そこで、自然数とはそれぞれの「規定された数」からの抽象によって獲られた一般者である。

これはまた、次のように言ってもよい。「規定された２」は二個の同種のものから成る様々な集合（二個のりんご、二匹の猫、二本の鉛筆等）である。すると、自然数２は、その集合の集合である。この場合イデア数２は他のイデア数の単位とは比較不可能な、しかしその内部ではそれぞれ比較可能な二個の理念的な個体から成る集合ということになるが、実質的には「規定された２」で代用して差し支えない。

さて、この再構成によれば、イデア数10（10自体）の構造を例にとって展開するアリストテレスの批判第一項の論理は簡明に解かれる。「10自体の内には十個の単位（モナス）があるが、この10は十個の単位からも構成されるし、また二個の５かも構成される」――こう切り出した上でアリストテレスは「はたしてこの10自体の内にはただ二個の５のみがあって、他の５は含まれていないのであろうか、それとも含まれているのか?」（M7. 1082a1-9）と問いかける。この前提条件は、「10自体は任意の数ではなく、またそれを構成する５も諸々の単位も任意の数ではないのだから、その諸単位は（他の数を構成する諸単位からは）区別されている（比較不可能である)」(1082a2-5)ということである。アリストテレスはそれぞれの場合の難点を指摘するが、実質的には、イデア数論の思想によれば10自体の構造には「規定された数」の観念は含まれないはずなのにそれが入らざるを得ないことになり、そのことがイデア数の観念に抵触する点を衝いているのである。つまり、10自体は最初の定義によって二個の「規定された5」から成るが、その5が「規定された5」である故に別の「規定された5」であってもよい(五個のりんごを五匹の猫に入れ替えてもよい)ということから、初めの10自体も「規定された10」でもあることになり、「それ自体以外には他のいかなる10も存在しない」という前提に反することになる、ということである。だから、難点は、イデア数10の内の二個の5がイデア数5ならぬ「規定された5」でしかない(イデア数5なら二個あることはない)、という点にあったのである。イデア数であってもその内部では依然として自然数と同じ構造が認められるはずなのであるが(そうでなければそもそも数として存立しなくなる)、それゆえにイデア数という観念は維持されえなくなり、実質的には「規定された数」(自然数)にとって替わらざるをえないことになる。これが、この一段の趣旨である。

イデア数内部の構造を以上のように描いてみると、イデア数の生成の論理も具体的に解明される。先にも触れたように、生成原理は「不定の2」すなわち「大と小」である。「最初のイデア数2」は、この「大と小」が「等化されることによって」生成したのであった。しかし、『ピレボス』篇の下絵によれば、この形式も少しく変容を迫られる。実質的に原理として働くのは「等化」の方であり、「大と小」にしても「等化」さるべき二個の不定の状態というよりは、無限の変容を許す一個の不定の状態として想い描かるべきであろうからである。かかる状態が形相「1」に与るとは、その状態が二つの量に分割され、二個の単位の集合という一つの構造体として生成する、の謂に理解される。ここにおける数の生成の方式は等分割である。これはすなわち、数の原理は「等」である、ということである。この場合、初めの不定の状態は、単位が質料的な存在であるかぎり、各の単位の内部に言わば閉じ込められると言うべきである。

さらに言えば、先の『ピレボス』篇の思想によれば「等」は「二倍」や単純な比と同じ資格で考えられているのだから、分割は「等化」のみならず（これは1:1の分割の場合）、1:2（二倍）や、2:3とか3:4の比に従ってなされることもありうる。かくて、それぞれの場合に応じて、イデア数3、イデア数5、イデア数7等の生成を見ることになる。

このような分割は、さらに重層的にもなされる。イデア数4の生成の場合がそれである。アリストテレスは、その生成の形式を、先のイデア数10の構造に関する批判的検討に加えて、丁寧に伝えている。

（J）しかし、4が構成されるのは、必然的に、任意の2からではない。彼らが言うには、不定の2は規定された2を受容することによって二つの2を形成したのである。不定の2は、受容による2の形成者であったからである。（M7. 1082a11-15）

同様の発言は、少し遡るが、単位がすべて比較不可能であるとした場合の批判第四項にも見られる。

（K）〔彼等の説によれば〕4は第一の2と不定の2とから2自体以外の二つの2として生成したことになる。もしそうでないならば、2自体は〔4の〕部分になり、別のもう一つの2が〔2自体に〕付加され〔て4に

なっ〕たことになるだろう。（M7. 1081b21-24）

（J）の表現にはいくらか数の神秘主義を思わせる響きも感じられるが、かえってその用語法は全体の意味を確定する。ここに「受容する」と訳したλαμβάνω（λαβοῦσα, ληφθέντος）は、伝統的に、卵子が精子を受容する状況をモデルとして質料が形相を受容することの謂に解されているが、ここではその意味が文字通りに生かされている。つまり、ここでは、「規定された2」の各の単位は、それぞれ一個の存在であるかぎり、それぞれの単位の中に閉じ込められた「不定の2」なる状態に、形相的原理「1」として働きかけるのである。その結果、「規定された2」のそれぞれの単位の内部は再度「等化されて」、それぞれ二個の単位の集合が生成する。これが、つまり、イデア数4の生成である。

このような説明は形式的な思弁に過ぎない印象を与えるかも知れないが、（K）においてははっきりと「2自体以外の二つの2として」と断られているからには、このような構造を思い描かないわけにはいかないのである。因みに言えば、（K）の「第一の2」はその生成に際してはイデア数2ではあっても、イデア数4の生成に際してはイデア数2に与る複数の「規定された2」のうちの一つになっている。

このように、イデア数2がまず分割の受容体である「不定の2」から生成し、それから、イデア数2に代置された「規定された2」〔のそれぞれの単位の内にどこまでも質料的な状態として残る「不定の2」〕からイデア数4が、さらにはイデア数4に代置された「規定された4」からイデア数8が生成するサマは、（J）に続く批判第四項にもはっきりと窺われる（M7. 1082a29-34）。ここから推察するに、イデア数は、数が生成する最端においてのみ認められる特別な状態である。たとえば4が生成した時点では4がイデア数なのであるが、8の生成に際しては、イデア数4は「規定された数4」に代置されている。この時点では、イデア数4は、別に考えられないわけではないが、考えても実質的な意味は無い。批判第四項における「4の中の2」や「8自体の中の4」という用語法は、数の生成に関するこのような事情を示唆している。

さて、ここで、このようにして成立したイデア数の内部に定位して、その在り方を考えてみよう。イデア数の上限が10であるとしてもその中にある数はすべて「規定された数」として単位は比較可能なのだから、その内部に止どまるかぎり、我々は自然数を扱っているのと変わりは無いことになろう。そして、この事情は、あらゆる数にまで拡張される。我々が扱ういかなる数も常にそれを超える大きさのイデア数の部分と考えることが出来るからである。そこで、我々の自然数の観念は、そのままイデア数の観念の下にスライドされる。

これは、イデア数を考えても、実質的に我々の数の観念には何も影響を及ぼすものではない、ということである。かくて、イデア数の生成の論理は、自然数の存在を保証する論理に変わらなくなる。ここでは、イデア数は、我々が日ごろ経験する自然数の存在の言わば先験的な原理となっている。プラトンにおいても、数の実在論は、かかるイデア数の概念に依拠して構想されていることになろう。

このような意味を荷うイデア数は、何もわざわざ上限を想定しないでも、何か一つその存在が確認されれば十分である。それはイデア数2で十分なのだが、さしあたっては十進法に鑑みてイデア数10くらいを考えておけば便利であろう（実際のところイデア数2だけでは今まで論じてきたようなイデア数内部の構造を説く糸口は絶たれる）。イデア数10が立てられたなら、まさにそのことによって、それぞれの自然数は客観的実在として認められるのである。

これはいかなる事態を意味するのであろうか。ここでまず言えることは、数の生成を考えるに際して、数える（1を加える）という行為以外の形式がありうる、ということである。ここでは数は単位（モナド）から独立に定義される。ここでは、数の原理は「等」もしくは比であって、単位ではない。単位は、比に応じた「等化」によって分割がなされた時点で、イデア数と同時に成立する。かかる数は、実在性に関して支えになるような経験的事態（たとえば個体実体）は認められないから、文字通り離れて存在する。かかる数は、それぞれの数であることが、言わば実体的な形相として、無限の分割を許す質料的な単位を束縛する。

さきにイデア数は集合として了解されたが、さらにこの文脈からすれば、その本来的な性格が一つ追加される。それは、無限集合の問題である。この文脈においては、無限集合も、可能態として存在する。（A）に見たように、分割の操作は数える行為に対応するからである。イデア数は有限（10まで？）であったが、それとは別に、その生成の形式そのものが無限集合の成立を概念的に含むのである。いまや、イデア数の生成は、無限集合の存在を保証するものとして、語の本来的な意味における生成を離れて、存在の形式を獲ていると言えるのである（但し急いで付け加えておかなければならないが、このように言えるのもあくまでもアリストテレスの視座からであって、プラトンの視座からすれば数は定義上有限である。数えるという言わば自動的とも言える操作を認めないプラトンにおいては、数は原理的に分割がなされる範囲に限られている）。

かくて、イデア数の存在は、自然数の無限性を象徴する。無限を原理上は拒否しながらも、このように、後世誤ってプラトニズムの名が冠せられることになるフレーゲ＝ラッセル流の論理主義を示唆しえたのも、ひとえに数を経験的な数えるという行為から切り離し得たがためである（そのために無限集合の観念に到達できなかったにしても）。プラトンの視座から顧れば、単位から始まって無限にいたる数の如きは、たとえばアトムを要素とする物質の即自的な存在に擬えられる質料の集積（ὡς σωρός 1084b21-2）に過ぎなかったはずである。

五　「イデア数論批判」

さて、アリストテレスは『形而上学』MN両巻においてかかるイデア数論を批判検討するのであるが、M巻七章八章の九項目にわたる表向きの批判（単位が同じ数においては比較可能だが異なる数においては比較不可能な場合の難点の列挙）は、既に触れた第一項と第四項以外は、大部分ほとんど批判の体をなしていない。たとえば、第二項の「2が二個の単位とは別のある実在であること、……このようなことがどうして可能か？」（M7. 1082a15-17）という論難などは、第三項の「人間二人〔における2〕は両者の各とは別の一つのものではない……」（1082a22-23）のそれを一つの数にするものが無いことを指摘する批判とともに、数の集合性を理解する視角の欠落を露呈するもの以外の何者でもない。また、「どんな単位と単位とでも別の2ができるとすれば、2自体の内の一個の単位と3自体のうちの一個の単位とで或る2ができるはずだ」（1082b11-13）と状況設定する第六項や、3自体と2自体の単位の多少を比較する第七項に対しては、そもそも初めに自ら設定した批判の枠組をどう考えているのかと問い糺したくなるほどである（それとも単位の観念の捉え返しを迫るのか？）。残りの第五項、八項、九項にしても、単位の比較不可能性に対する疑問の表明であるから、批判の議論の前提に反する。これらの論点は、さきに論じたイデア数の構造を解明する契機をなすので、そのいみでは貴重な証言であるが、要するに議論は空転している。

これらから想うに、アリストテレスは、批判の視座を本来的に欠いているのである。批判を展開するには、敢えて（B）の「無限は可能態において存在する」という了解に立って無限を制限するはずの形相論的発想の難点を衝く以外にはありえないのであるが、イデア数の生成の形式においても数の無限性は簡単に予想される故に、（B）をテーゼとして主張するだけでは、批判としては空回りにならざるを得ないからである。そこで、批判としては、プラトンの語る生成の概念に敢えて定位して、「等化」という解りにくい形式を「数える」という単純な形式と比較してその複雑さを衝くことしか残されなくなる（cf. N3. 1091a9-12)。これはアリストテレスの口舌の至る処に現れる批判のパラダイムとも言うべき思想的基調なのであるが、既に見たようにプラトンは「数える」という形式の安直を排して敢えて「等化」を主張しているのであるから、それを言うだけでは批判にならない。

それでも、アリストテレスは、別の文脈においては、敢えて愚直を装って（?）、プラトンの形相論的な数理解の難点を衝いている。即ち、後に挿入されたとされているM巻八章から九章にかけての五つのアポリア集において、問題の論難は単位1と数2の先後を問う第三番目のアポリアの検討に際して展開されている。

そこにおいて、アリストテレスは、アポリアそのものについては、先後の問題を考える準拠枠として例の質料形相概念の相関を持ち込んで、簡単に、完全な決着をつけている。それによれば、「諸単位の各が数の部分でありその質料に相当するのに対して、数そのものは形相に相当する」のだから、「数が諸単位の複合体であるかぎり、単位1は数2に先行するが、全体的な形相が先であるかぎり単位2は数1に先行する」(M8. 1084b4-6)。だから、数2が先行すると見るのは、数学的には誤りなのである。先後のアポリアはこれで決着がついたのであるが、アリストテレスはさらに興味深い論評を下す。すなわち、「彼等が誤謬を犯すに至った原因は、彼等がその探究を数学的視座から進めると同時に、普遍的概念規定を求める視座からも進めたことにある」(1084b4-6)。

それでは、どうしてこのようなことになったのか。それは、数2を形相であるとする所以として、その2が全体として一つのものであることに注目したことによる。つまり、「普遍的なものを探究することの故に、数の普遍的述語としての1を、このように〔数をなす単位1と同じように〕数の部分として語った」のである(1084b30-32)。原因は「1」の両義性にあったのである。彼等プラトン学派の人々は、「1」の両義性を無視して、数学の探究に際しても、数学においては意味のないとされる述語としての1を数学に持ち込んだ、というわけである。

この端的な論評は、プラトン学派の概念的混同を衝くものであるから、同時に端的な批判にもなっているはずである。しかし、この論評は、裏を返せば、そのままイデア数の正当性の強力な主張になっているのだから、その点を指摘するだけでは、当然のことながら本来的な批判にはならない。プラトン学派としては、かかる形相的な「1」の故に集合としての数の概念に達し得て、そこから素直に数の離存性の了解も獲られたと主張するはずだからである。

このような概念的な対立の構図の下に「可能態における無限」という観念を採り上げてみるならば、アリストテレスは、この観念によってむしろ無限への定位を避けている節があるとも考えられる。これはアリストテレスの意にも反した意想外の成り行きになるはずなのであるが、アリストテレスは論理の糸に引かれるままに、この展開を余儀なくされているように思われる。それは、たとえば、この論評に先立つアポリア第二番の構成において顕著に認められる処である。

アポリア第二番は、一見数が無限であるか否かを問うように見える。しかし、その問題提起の形式は「数を離れて存するものであるとすると、数は無限か有限かのいずれかではないということはありえなくなる」（M8. 1083b37-1084a1）というものであって、無限か否かの二者択一を問うものではない（たしかに「数は必然的に無限であるか有限であるかのいずれかである」とはされているものの。1083b36-37）。この提起の形式は、意図的にして、巧妙である。この形式の故に、両選言肢の双方が共に成り立たないとするアポリアは（数が有限であることを斥けるのはともかくとして無限であることを斥けるには無理があると感じられるかも知れないが、アリストテレスはいとも簡単に「無限の数は奇数でもなく偶数でもないが、数の生成は常に奇数の生成であるか偶数の生成であるかのいずれかだからである」とする（1084a2-4））、本来のアポリアとして問題提起されているのではなくて、この二者択一の結果を導いた数の離存性を却下するための論拠として利かされていることになるからである。そして、数の離存性の仮定を却下した処に浮かび上がる了解が、例の「無限は可能態において存在する」というテーゼ（B）なのである。この地点から顧るならば、無限か否かという二者択一の問は、場合を限定しないで持ちかけられる空疎な一般論の文脈においてのみ生ずる擬似問題ということになろう。

この議論の構成の意味する処は何か。ここには、アリストテレスの誇る可能性の概念の面目がはっきりと現れているかに見える。しかし、実情は、そんな悠長なものではない。この議論の構成からは、アリストテレスは数の離存性を否定するに際して、その論拠を無限に関する排中律の否定に求めている、ということが、すぐに気付かれるからである。これは、離存性の拒否という究極の課題に見合う措置とは言え、大きすぎる主張である。矛盾的に対立する選言肢の双方をこのように斥けることによって、アリストテレスは、はからずも（C）を容認する立脚点を失っていることになるからである。ここから、テーゼ（B）も、単に無限に関する肯定否定を超えた第三の道として主張されるというには止まらずして、無限への定位を避ける便宜的な性格が付加されるようになる。早く言えば、テーゼ（B）も、同様に排中律と引き換えに主張されるのである。ここには、直観主義的な印象も現れている。実在論者アリストテレスは、離存性を拒否する自らの実在論的な確信の内に、意図せぬままに、数に関する実在論から離れているようにも見える。離存性の拒否は、本来は無限を斥けるようなものではなかったにもかかわらず。この成り行きは、離存性の確信の内にも数の有限性に固執したプラトンとよき対照をなす。

そこから、数の観念も本質的な変容を被ることになる。先には、アリストテレスにおいては、たとえ可能態においてではあっても、素朴に数は無限に存在するとされていたと見た〔線分の内に無限の点が存在するように〕。いみじくも（C）において確認されたように、それが無時間的に存在する「永遠的」な対象の存在の形式だったのである。しかし、数の離存性を否定するこの文脈においては、数の生成も文字通りに受け入れなければならないのである。それが離存性の拒否の結果なのだ。数は、言わば、生成する範囲にのみ、存在する。そして、これは、別に数学の営みを妨げるものではない。「数学者たちも〔可能態における以外の〕無限の存在は必要としておらず、また使ってもいない。彼等が必要としているのは、ただ彼等が欲するだけの長さ〔と分割点の数〕が存在するということである」からである（*Phy.* Γ7. 207b29-31）。

このような直観主義的な（あるいは自覚的な有限主義的な）理解には、すぐに疑問の声が上がる。このような理解は、アリストテレスの通常の実在感覚に反するように見えるが、それ以上に、当時の数学者の確信にも反するからである。当時の数学研究の主要関心は、円の方形化の可能性と対角線の非通約性の問題であった。アリストテレスは、好んで対角線が辺と非通約的であることを永遠的真理の例として掲げ（*An.Post.* A2. 71b26, *De Gen. Anim.* B6. 742b25,etc）、また「円の方形化〔という事態〕は、〔その方法が〕知られていなくても、それ自体は可知対象として存在する」（*Cat.* 7. 7b31-33）と断言する。そして、これは、当時の数学者たちの一般的な見解でもあったはずである。πやルート2の小数展開（分数による近似値表現）は、どんなに無限に続く生成の過程にあろうと、円や対角線の存在そのものによって既にその過程は確定していると確信されていたのではないか。このように推測すると、生成した範囲にのみ存在を限り、未だ生成していない状況に関する真偽は不問に付するなどということは、当時の数学者たちとともに、およそアリストテレスも肯じえざる事柄であったと勘考される（要するに無理数の存在が認められなかったにしても、図形上の事実から無理数の指示する事態は受け容れられていたと考えられるのである）。

だから、アリストテレスの内に現代の直観主義論理への傾きが見えるにしても、それはやはり割引して受け止むべきであろう。アリストテレスは近代思想とは異質な思想圏にあるからには、安易な対応は慎まなければならない。しかし、発想のパターンとして、生成論的性格が色濃く現れていることも、事実である。しかも、アリストテレスは、イデア論をも生成論的に性格づけて、その視角から批判するのである。直観主義との対応は措くにしても、このような思考の質は、やはり検討に値する。

この点に関して思い当たるのは、数の生成の思想のゼノンの逆理への接近である。アリストテレスは、ゼノンの「線分には中間点を限りなく採ることができる」という状況設定を可能性に関する問題提起として受け止めた上で、「線分には中間点が現実には採られなくても、可能的に存在する」という形式に読み替えて、逆理をかわしたのであった。しかし、数の生成を文字通りに理解するならば、この読み替えは、再度逆転せしめられて、ゼノンの提起した元の形式に戻されてしまう。アリストテレスはゼノンに応える術を失っているわけである。しかし、逆理とは別に、落ち着いてゼノンの提起する定式を眺めるならば、これがまさに引用（A）に示されたアリストテレスの無限了解の形式であると知られる（逆理は、たとえば円の方形化がどこまでも進んでも円そのものには一致しない、という論理の別表現である）。つまり、テーゼ（B）の原型は、ゼノンにあったのである。アリストテレスは、イデア数の離存性を批判するに当たって、むしろゼノンの発想を積極的に採り入れているということになる。

両者の位置関係をこのように描き上げてみるならば、アリストテレスが数を考えるに際して、固定的な実在論の軛から離れて、言わば弁証論的に思考を開放したことは、十分に予測される線である。たとえそれが数学の知に抵触するものであったにしても。問題は、ゼノンの提起が一面的に逆理としてのみ受け容れられて定着した点にある。アリストテレスのテーゼ（B）は、イデア数論の思想とともに、無限に関するゼノンの問題提起を論理的に継承発展せしめた数少ない場合であったと見ることができる。このように見るならば、無限への定位を避けるかに見えたテーゼ（B）には、かえって、無限への安易な寄りかかりを戒める概念的な配慮も見えてくるのである。それが仮に無限を実質的に制限し、アリストテレスにおける数学知を必要以上に不透明なものにしたとしても、その理念史的な意味は十分に認められなければならないであろう。

使用テキスト・参考文献

W. D. Ross, *Aristotle's Metaphisics : A Revised Text with Introduction and Commentary*, vol. I & II, Oxford, 1924.
Annnas, J., *Aristotle's Metaphysics Books M & N*, 1976.
Kirwan, C., *Aristotle's Metapysics Books Γ, Δ & E*, 1971.
Hussy, E., *Aristotle's Physics BooksΓ&Δ*, 1953.
Graeer, A.(ed.), *Mathematics and Metaphysics in Aristotle : Akten des X Symposium Aristotelicum*, Haupt, 1987.
Guthrie, W. K. C., *A History of Greek Philosophy V : The Later Plato and Aristotle*, Cambrridge, 1978.

Th・ヒューズ『ギリシア数学史』I、平田寛訳、共立出版、一九五九年。

A・サボー『ギリシア数学の起源』中村幸四郎・中村清・村田全訳、玉川大学出版部、一九七〇年。

A・ウェドベリ『プラトンの数理哲学』山川偉也訳、法律文化社、一九七五年。

近藤洋逸『数学の誕生——古代数学史入門』現代数学社、一九七七年。

註

(1) 経験される個体実体は有限であるにも関わらず、その延長にある数は無限である。「〔数学は〕離れて存在しないものを離れて存在する」と語る所以である。

(2) このあたりの説明は第六章と第七章に分割されて説明されている。アリストテレスの言辞を筆者の視点から一つにまとめて叙述したので、典拠の箇所がまちまちになっていることをお断りしておく。

(3) 引用(I)の後の二つ目パラグラフ参照。

(4) もっとも『ピレボス』篇はそもそも快楽を主題にしたものであるから「一と多」については文字通りには受け容れるわけには行かない。しかし、そうは言っても、プラトンの対話編であるから、一概に付帯的な主題であるとも決めつけられない。

(5) 「規定された数(ὡρισμένος ἀριθμός)」という概念は、アリストテレスの文面には現れてはいない。これは、実は、すぐ後に(J)において言及される「規定された2(ὡρισμένη δυάς)」(1082a14)から推定した表現である。アリストテレス自身、この「規定された2」をごく自然に使っているところから見れば、この推定は当然なされ得るはずであるが、反面、アリストテレス自身としてこの「規定された数」なる概念を表向き使わないのは、やはり概念としての効果がさほど現れない故かとも勘案される。結果的に言えば、これは出隆訳にも見られるように「形相としての2」と同義で、概念的には特筆さるべきものではないのかも知れないが、イデア数2と自然数2の中間にあってイデア数2が概念として成立する媒介をなしているとも解釈される。

付論二　原子の不可分割性をめぐって

――アリストテレスのデモクリトス批判の一断面――

　レウキッポスとデモクリトスの原子論が、一面ではエレア派の運動否定の主張に対する端的な否定として生じながらも、その思想の核心においてエレア派の「存在」概念を継承したものであるとは、よく知られた事実であろう。不生不滅、完全無欠なエレア派の「存在」は、無限の空間において言わば多数化された結果、自然の事物の物体的構成要素として認められるようになったのである。原子《アトモン》の観念には、初めから、存在をめぐる思考の積み重ねが認められるのである。

　そこが、原子が元素から区別される所以である。元素《ストイケイオン》なら、経験される性質の何らかの対応は認められる。それは、経験される性質が系統的に整理されて成った言わば理念型のごときものであると言えよう。たとえば、火の元素は熱く燃え上がる希薄な流動体の理念型であり、現実に経験される火と共通する性質を備えた存在である。それに対して火の原子は（仮にあるとしての話だが）、単に微細な球形の粒子とされるだけであり、それ自体が熱いのでも軽いのでもない。

　しかし、原子は、やはり元素に関する表象の理論的展開として考えられるであろう。自然の事物が何か要素的なものの集積から成っていること、そしてその構成要素なるものは、それが古来根源的とされてきた性質を備えなければならぬところから、それが水とか空気とか火とか土とかと言った単純物質であるらしいこと、こう言ったことは古代ギリシアにおいても（少なくともアリストテレスの時期には）常識であったと思われるからである。それはアリストテレスの『天体論』や『生成消滅論』の記述から十分に知られることである。そうして見ると、元素は説明のパターンに関する類型であると言えよう。だからアリストテレスも、元素に関しては言わば常識の比較考量のような姿勢で叙述を進めて行けると考えたと想定されよう。

原子に関する議論は、アリストテレスにおいては、かかる素材の言わば論理的な検討である。もはや構成要素としてどのようなものがあるかというような問題は重要ではない。論じらるべきは、構成要素として立てられたそれがはたして論理上もそう言えるのか、そしてそうなると究極の存在として通用するようになりうるのかである。原子論に対するアリストテレスの論評は、この視座からなされる。ここに出てくる観念は不可分の大きさということである。これはまさに原子という観念の文字通りの内実である。

この観念は、自然に存在する物体を分割すればどうなるかという観念的な問題設定の上に成るものである、それゆえに、原子はエレア派の「存在」に対応するにしても、「存在」がただ容認されたに過ぎないのに比べるならば、成功しているか否かは別にして、言わば一段階高次の理論的な構成であると言えよう。このことは、原子が一面では抽象的な思考の積み重ねの上に成るにしても、別の思想上の脈絡においては具体的な自然の物体との関連で考えられた証左であるとも思われる。ここには、エレア派からの展開という歴史的な説明以上の、エレア派を超える論理の跡が予想される。

しかし、分割という観念的な手続きを考えるならば、そこにはエレア派との別種の関係が改めて見えてくる。無限分割に関する問題は、やはりエレア派（特にゼノン）によって提起された言わばおなじみの問題であったからである。結論的に言えば、原子論の理論構成は、無限分割に関するエレア派の問題提起を解釈するかたちで仕上げられている。それゆえ論理上の問題としても、少しずれた形ではあるが、エレア派との関連は必須の論点として浮かび上がるのである。

本論では、こういった問題状況の設定の上に、不可分の物体粒子という原子の観念に含まれた論理上の問題点を明らかにして行きたい。以下で、私は、まず、不可分の物体粒子の観念に関するアリストテレスの報告を分析して、ひとまずエレア派からの展開とは独立に議論を再構成したい。そして、その議論が明らかになった段階で、改めてエレア派との論理上の対応を検討して行こうと思う。

一　原子（アトモン）を立てる論理

不可分の大きさ（物体）に関する議論は、『生成消滅論』第一巻二章で詳細に再構成されている。背景に無限に関する論争史の積み重ねがあるためか、思考の筋が単純な割には、議論はかなり曲折し、交錯している。まず、全体をパラフレイズしながら通覧しよう。

ここの議論は、次の三つの部分に分かれている。

Ｉ　不可分の大きさを建てる論理の構成。物体があらゆる箇所において分割可能であるとすると、大きさの無いもの、もしくは点が出てきて、物体が無か点から成るということになってしまう。これは不可能である。故に、物体があらゆる箇所において分割可能であるということは否定され、不可分の大きさが存在することは必然である。（316a14-b16）

Ⅱ　理論的再確認。示唆された批判におそらくは答えるはずの視座を与える可能態‐現実態の概念装置は、この場合には用をなさない。あらゆる箇所において分割可能ということが少なくとも可能態において言われるなら、この際はその限りで考えなければならぬからである。結果として、Ⅰの結論は理論的な観点から再確認される。（316b16-34）

Ⅲ　アリストテレス自身による自身の見解に対する批判的再検討。誤謬推理に依るのではないかと改めて問い、そうでないことを確認する。（316b34-317a17）

このように議論を再構成してみると、問題点は「あらゆる箇所で分割可能（πάντῃ διαιρετόν）」という概念にあることが分かる。議論の筋だけを取り出して言うならば、デモクリトスとアリストテレスとでは、この概念の了解が異なるのである。デモクリトスはここの πάντῃ はごく常識的に「任意のどの箇所においても」の意味に使っていると思われるのであるが、アリストテレスは言わばそのような日常的な語法の陰に隠れた意味を探り出して突き付けているのである。

しかし、日常的と見えた「任意のどの箇所においても」の意味にしても、連続的な大きさの線分は無限の点を含むから、無限の点に亘って考えられる。ここから、議論は無限の点と連続体（線分）という古来の厄介な問題の焦点へと急速に絞られて行くのである。ἀντῃ διαιρετόν は背後に無限分割の論理状況を前提した概念であったのである。まず、Ⅰの議論を直ちに見てみよう。

（A）たしかにある人々が措定したように、何らかの物体もしくは大きさがあらゆる箇所で分割可能であり、このこと〔すなわち分割の遂行〕が可能であるならば、困難が生ずる。何故なら〔このとき〕分割を免れるいかなる部分があるのだろうか。あらゆる箇所で分割可能であり、しかもこの分割の遂行が可能であるならば、その物体は〔実際に〕同時に分割されるのではないにしても、同時に分割された状態になっているだろう。[1] そして、このことが生ずるにしても、なんら不可能なことは無いであろう。〔中略〕そこでは、物体はあらゆる箇所でこのようになっており、分割されているとしよう。一体そこで何が残されているのだろうか。大きさか。それはあり得ない。〔そういうことになれば〕何かある部分が分割されていないことになるが、〔この約定では〕すべての箇所で分割さるべきであったからである。しかし、それが何ら物体でもなく大きさでもなく、しかも〔それへの〕分割はあるのだとすれば、物体は点から成る、もしくは物体を構成する要素は大きさの無いものになるということになろう。あるいは〔そのようなものは〕全くの無であり、したがって、物体は無から構成されていることになり、万物はただそう見えているだけということになってしまうであろう。また、物体が点から成っていることになるにしても、〔不合理に陥ることは〕同様で、この場合には〔全体としての〕量が無くなってしまうであろう。(316a14-30)

ここでまず明らかにしておきたいことは、デモクリトスは（そしてそれを伝えるアリストテレスも）非常に強い論理的関心から問を発しているということである。あらゆる箇所で、しかも同時に分割がなされるというようなことは、実際にはあり得ないであろう。分割は、実際には、まずどこか任意の箇所でなされ、それからまた次に別の任意の箇所でなされるというように、順次継起してなされるであろう。それゆえ「あらゆる箇所における分割」がなされたにしても、それはおそらくは無限回繰り返されたはずの継起の手続きの最後に漸くなされるはずのことであろう。しかるに、このように言ってみれば直ちに明らかになるように、そんなことは実際にはあり得ないであろう。しかし、ここでは、冒頭からそのような分割がなされたらどうなるかが直截に問われているのである。敢えて「あらゆる箇所における分割」などというあまり術語的でない表現を、しかも「同時に」などという無理な形容の下に下しているのも、そのためであると思われる。

つまり、ここでは、議論は初めから、言わば極限的な問題状況の設定の上になされているのである。この議論が、「もし存在するものが大きさを持たないならば、それは存在することも無くなるだろう」というゼノンの多に対する論駁の一部（DK29B1）をそのまま受け容れたものであることは、広く認められている定説である。(2) 議論は本来理論的にして概念的であったのである。もっとも識者達の間では自然の物質存在の原理を考えるにあたってこのような観念的な論調を無批判に受け容れたことは言わば「原子論の汚点」として否定的に評価される向きもあるが、(3) 私としてはこれはむしろ理論性の強さを保証するものとして積極的に評価したい。ここでまず確認したいことは議論の事実上の内容というよりも議論の有する性格であるからである。

このような議論の性格は、Ⅱでありうべき批判を予測した後も依然として保持されている。批判が誘い水となって、むしろ自覚的に強められているとも言えるほどである。

（B）ところで、感覚される物体はすべて、いかなる地点においても（καθ᾽ ὁτιοῦν σημεῖον）分割され得ると同時に分割され得ないということは、何ら不合理なことではない。一方は可能態において、他方は現実態において〔分割されるので〕あろうからである。しかるに、同時にあらゆる箇所で分割が可能（ἅμα πάντῃ διαιρετόν）ということについては、可能態においてもあり得ないと思われる。もしあり得るならば、

〔あるいみではそのような分割が現実にも〕生じている〔ことになる〕であろうからである（もっともその結果は、現実態において分割されているものといないものとの両方が同時にあるというのではなくて、いかなる地点においても〔現実に〕分割されているということであるが）。従って、何も残らないことになるであろう。物体は非物体的なものへと解消し、再び点とか一般的に言うところの無とかから生じてくることになるだろう。（316b19-27）

ここで特に注目さるべきは、「同時にあらゆる箇所で分割が可能ということについては可能態においてもあり得ないと思われる」という一節である。可能態―現実態という概念装置は言うまでもなくアリストテレスの思考の切り札であって、大抵の議論はこの概念の下に決着がつけられる。しかるにここでは、事デモクリトスの議論に関しては、それでは済まないことが素直に表明されているわけである(4)。理論的な領域が確定されたなら、可能態における事情はそのまま在り得べき場合として主題に登らしめられるのである(5)。

*

さて、このような前提のもとに、原子すなわち不可分の大きさの概念は立てられる。もはや、論理上の問題は解決されているのだから、その主張は単に確認のためにのみなされるかの如くである。

（C）従って、接触や点から大きさが成ることが不可能であるならば、不可分の物体もしくは大きさが存在

することは、必然である。（316b14-6）

この結論に対しては、即座に或る種の批判が示唆される。しかし、先にも触れたように、そこに示された批判は、デモクリトスの議論の理論性をさらに確認する糸口になると思われる。

（D）しかし、こういうことを措定する場合、やはり少なからぬ不可能が生ずる。それらについては別の箇所その難点とで示した。それでも、それを解決すべく試みなければならない。それゆえ再び初めから難点を語るべきである。（316b16-9）

古来ピロポヌス以来示されてきた参照箇所は、『天体論』の次の証言である。

（E）これに加えて、不可分の物体を語る人は、必然的に数学上の知識に逆らい、一般の通念や感覚される多くを廃棄せざるを得なくなる。このことは、時間と運動に関する著作の中で述べた通りである。（*De Caelo*. vol.3, 303a21-24）

〔彼等原子論者は原子を措定することによって〕物体がすべて分割可能であるとは限らないとせざるを得ないが、これは最も厳密な知識に逆らうものである。即ち、数学者たちは思惟対象を分割可能であると容認するのであるが、彼らは自説を救おうとして、感覚対象についてもみながみな分割可能だとは認めないのである。（*ibid*. 306a26-30）

これらを典拠にして考えるなら、アリストテレスはここで原子の概念が数学の認識に抵触することを指摘していることになる。ここに言う数学の知識とは、「大きさはすべて大きさへと分割可能である」(*Phy.* IV 232a23) という連続量の無限分割に関するものである。

しかし、このような批判なら、既に解決はなされているはずである。Ｉの議論に見られるように、デモクリトスの議論はかかる数学の認識をむしろ徹底した上で（つまり無限に分割がなされれば無限小ゼロが出てくるというかたちで）構成されていると考えられるからである。議論はかなり先まで進んでいるのだ。アリストテレス自身、示唆された論点とは直接的には関係しない可能態―現実態の概念の検討に進んでいる。

数学の認識との関連で言うならば、難点はむしろ逆にあらゆる箇所で分割すれば大きさがゼロになるという大前提に据えられた仮定そのものにあったと言うべきだろう。どれだけ分割の歩を進めてもつねに残余は出るものであるから、それをゼロと見做すとするならば、ただそれを主張するだけではやはり論理上の誤謬を犯していることになるだろう。

この視座からすれば、デモクリトスは、あまりに小さい破片なら無も同然だと主張していることになるだろう。これはきわめて物理的な性格の強い議論であると考えられる。これを物体は粉々に砕け散ってなくなってしまうとして受け取るならば話は別であるが（実際に「あらゆる箇所で同時に分割されたら」という表現にはそのようなニュアンスも窺われるのだが）、ミクロの世界ではマクロの世界とは別の存在構造が認められるとする量子力学の基本思想と併せ考えてみると、文字通り原子よりも一層先の極微の場面における物質の存在構造が直観的に示唆されていて興味深い。ただ、デモクリトスは、健全な実在感覚によって、かかる事態は原理的に拒否したのである。そこから古典的な一元論的な実在論のほぼ完全な定式が見られることになったのである。

しかし、私は、デモクリトスのこの前提に関しては、敢えてもうすこし数理的な視座から考えてみたい。それは特にゼノンの逆理との類似性のためである。この視座に立っても結局はゼロの大きさの出現は不可能事とされるのであれば結果においては変わる処は無いかも知れないが、デモクリトスの実在感覚そのものの性格づけにも跳ね返って利いてくることも期待されるのである。

このような視座から考えるためには、「あらゆる箇所における分割」は。ひとまず「任意の箇所で無限に続けられる分割」の謂いに決めて考えなければならない。しかるに、これはゼノンの逆理の基盤をなす事態である。このような分割がなされたらどのような事態が生ずるか、ここで視点をゼノンの設定した問題状況に移すことにしたい。全体の議論の共通基盤たらし得べく、次にゼノンの逆理の議論を再構成することにしよう。

二　無限分割の論理

ゼノンの逆理はアリストテレスの『自然学』第六巻九章にほぼ完全にまとめられているが、ここではこれまでの議論に関連する限りにおいて取り上げて、再構成しておこう。ここで問題になるのは、第一の議論と第二の議論の二つである。

第一の議論は、「移動するものは目的地に達するよりも前に、その半分の地点に達しなければならないが故に、運動しない」とするものである（*Phy.* IX 239b11-13）。これをアリストテレス自身の参照箇所と合わせて捉えてみると、次のようになっているだろう。半分の点は次々に採られ無限の点が想定されるのであるが、「有限の時間において無限の点を通過することはできない」とされるが故に（*Phy.* IV 233a22-23）、向こう側の目的地へは到達できない、いや、そう言う以前に、目的地を前にして現在地よりも一歩も（正確には一点も）出ることはできない。——アリストテレスはこの議論を誤った仮定に立つものとしてあっさり退けているのであるが、それは「有限の時間において」という付帯的な条件の故であると考えられる。この条件が付くと、有限の身でどうして無限のことができるのかという別のニュアンスで問われることになるからである。そこで、ここではこの条件は取り外した形で受け容れて、これを二分割の議論と呼んでおこう。

第二の議論は、いわゆるアキレスと亀の議論で、亀がアキレスの前方を走る限り、アキレスはけっして亀に追いつくことはできないとするものである。「何故なら、追う者は追いつく以前に逃げる者が走り出した地点に着かなければならず、したがって一層遅いものでも常にいくらかは先んじていることになるからである」(*ibid.* 239b16-8)。アリストテレスは、この議論も第一の議論と原理的には同じであるとしている。実際アキレスが二倍の速さで追うとすれば、亀は追いつかれるはずの地点の丁度半分前の地点に居ることになるのだから、二分割の議論と全く変わらない問題状況が描かれることになる。アキレスは亀に追いつく前に無限個の点を踏破するという不可能事をなさなければならぬ故に、永久に追いつけないのである。

この二つの議論は論理上は同質であるとして（同じ形式のものとして）掲げられているのであるが、原子の不可分性を説く議論と対比してみると、その違いは実質化する。まず、アキレスと亀の逆理は、極限値ゼロの観念に依って、実質的に却下される。しかし、二分割の逆理は、同じ極限値ゼロの観念に依って、実質化される。つまりA点からB点へと一定の距離ABを進む運動体を思い描くと、AからのABの中間点Mは進行に従って順次$M_1, M_2, \cdots, M_n$と漸近するが、AM_nの距離はどこまでも縮小するので、運動体は移るべき地点が定まらず、結局はA点に止まったままなのである。これは移動すべき距離が極限値ゼロになったことによって逆理が成立したことを示している。これは移行すべき地点が定まらないことに依る運動の停止でもある。これをアキレスと亀の描像で言えば、アキレスは亀を前にして一歩も動けなくなるということである。

ここには、文字通りの逆理が認められる。この議論の主張する処は、単にその主体の運動が否定されたということのみならず（これだけなら単なるレトリックの問題であろう）、運動する余地がつねに論理的に保障されているという事実そのものが、運動の否定の原因になっているからである。

この点をもう少し概念的に考えてみよう。運動体が一点なりとも踏み出せないというのは、運動体が到達すべき地点が定まらないと解釈されよう（その地点が定まればそこまでの間に無限の点があるにしてもそれを辿ることはできる）。そして、それは、線上には無限の点が存在するために、稚拙な表現になるが線上の一点から中間に点の無い点を採ることはできないということである。これは、早く言えば隣接する点は採られないということである。「点に隣接する点」とはそもそも形容矛盾的な表現であるが、線分が無限の点を含むということが主張される限り、その主張の別の視点からの概念的表現として受け容れなければならない。このように視点を運動主体の運動の始点に移して考えたからこそ、議論はあのように巧妙に構成されたのである。

二分割の議論の構成を以上のように理解してみると、結果として見れば、その問題状況はデモクリトスの論理の言わば実在論的基盤ともなっていると言えよう。この問題状況は、分割の結果残余はゼロになるということの一つのモデルを提供していると思われるからである。デモクリトスの議論における残余ゼロを主張する大前提的命題は、ゼノンの設定したこの問題状況（一点なりとも踏み出せないという状況）に対する一つの概念的解釈として評価されるのである。

このように視点の転換だけで話に決着をつけるのは、あまりに単純に過ぎると言われるかも知れない。しかし、それならば、視点を転換して得られた残余としてのゼロの概念は、限りなく半減する粒子の存在としての不定性がゼロ（無）として評価される特異な状況として注目され得ることを示唆していると言おう。結果的な主張になるが、この視点の転換によって、極限値ゼロの観念は、物理的な保証を得るのである。

もっとも運動する距離が取れないということと物体が砕けて無くなってしまうということは全く別種の事柄であるから、安易な対応は慎むべきとされるかもしれない。しかし、それに対しては、原子の残余として出る破片は不定性の故に確定した量として自然の構成要素足り得ないと言おう。これは、結局は、不定性の故に生ずるかかる物体としての不完全な性格が、ここで改めて無（ゼロ）と評価されたと考えることになるのである。

以上の再構成はやや技巧的とされるかも知れないが、この視座からすれば、私はここでゼノンとデモクリトスの理念史的な関係をかなりはっきりと説くことができる。即ち、ゼノンは逆理を構成することによって運動を否定したが、デモクリトスはその逆理の半面を逆理的に適用して（つまりデモクリトス自身の逆理として使って）原子の観念を得たのである。極限値ゼロなどという観念は古代においては逆理以外の何物でもなかったはずであり、ゼノンはそこに逆理を見たのであるが、デモクリトスは、その逆理を当の逆理によって否定してその中に潜む物理的な意味を探り出したと言えよう。そこには共に近代的な極限概念の萌芽が認められる。近代的極限概念の萌芽という科学史上の主題も、理念史の視座からすれば、その裏には逆理を積み重ねる論理の交錯が感知されるのである。

デモクリトスの議論を以上のように位置づけることができるとすれば――以上形式的に割り切り過ぎたきらいもないでもないが――、それは次になされるアリストテレスの批判ともきわめて緊密に内的に呼応してくるのである。そこで締め括りの意味も込めて、次にその批判を分析しよう。

三　アリストテレスによる批判

アリストテレスによる批判は、「あらゆる箇所において分割可能」という概念を正面から採り上げて検討することによってなされている。まず表向きの議論としては、この概念の二義性が示唆される。「虚偽の推論」の生ずるのも、その二義の混同によるからである。

（G）さて、不可分の大きさの存在の必然性を示すと思われる議論は以上のごとくである。しかし、それは虚偽の推論を犯し、しかもそれが気付かれずにいる。次にこのことを、さらには、それがいかに気付かれずにいるかを述べよう。何故なら、点に連続している点のごときものは存在しないのであるからして、大きさあるものにとってあらゆる箇所において分割可能であるということは、あるいみでは成り立つが、別のいみでは成り立たないからである。

あらゆる箇所で分割可能とされるときには、任意の箇所におけると同時にあらゆる箇所において点が存在していると思われるが、そうなると、大きさが無に至るまで分割されてしまうのが必然となるのである。あらゆる箇所に点が存在していると、〔分割されて成った大きさは〕接触から成るか、点から成るかのいずれかになろうからである。（316b34-317a7）

これを見ても明らかなように、アリストテレスはデモクリトスの言う物体の分割の問題を、分割点の存在の問題に移し替えて考えている（だから私は先程からゼノンの線分の分割と同じ論理状況として扱ってきたのだ）。その上で、あらゆる箇所における分割ということが言われるときには、任意の箇所における分割点が採られると言うのみならず（任意の箇所というのは πάντῃ という語法の本来の意味であろう）、文字通りあらゆる箇所が分割点として採られる場合も考えられるとされる。つまり、早く言えば、日常の語法の範囲を超えた意味も考慮に入れなければならなくなるというわけである。そしてここで示唆されている二義性というのも、実はこのことなのである。ある意味では成り立つが別の意味では成り立たないとは、日常の正常の語法では成り立つが、日常の語法を超えたそれ以外の意味も混入してくるので成り立たなくなるの謂いなのである。

それでは、日常の語法を超えたいわば無理な意味なるものはどのようなものなのか。それを素直に解くのは難しい。おそらくアリストテレス自身そのことは十分に自覚していたのであろう、さきの引用に続く部分は、実際のはなし何とも要領を得ない語句が断片的に重ねられるのである。

（H）しかるに、あらゆる箇所における点の存在がありうるのは、任意の箇所に一つの点が存在し、そのような点がすべてそれぞれ点である限り〔生ずる周辺の箇所に点が存在している〕という意味においてである。(6) しかし、〔任意の箇所には〕一つより多くの点が存在するわけではない〔点は連続的に継起しない故に〕。したがって、あらゆる箇所に〔点が存在するわけ〕ではない。(7) 中間の位置で分割可能であれば、それに連続する位置でも分割されることになろうからである。しかるに、そのようなことはない。位置は位置に連続するのではないし、点は点に連続するのではないからである。（317a7-12）

この議論の主題は、あらゆる箇所に点が存在するわけではないという命題を論証することであると思われる。最初のパラグラフは、そのための条件を示したものである。ここでは、任意の箇所にまず一点が採られると（これは πάντῃ の日常的語法による）、その点は、任意性（特定化されていない性格）の故に、領域全般に拡散され得ることが示されている（全称汎化）。この論理学上の操作の故に、あらゆる箇所における点の存在が論理上保証されるのである。

しかし、すぐに、このような論理学上の操作はこの場合には適用されないことが指摘される。それは、点の存在の構造上の特質に依るものである。即ち、点は点に隣接しないのであるが（奇妙な表現になるがありえたらその箇所には二つの点が存在するという奇妙な事態が招来するという理由で（*Phy.* VII 231b-10））、そうすると、点に隣接する箇所[8]には点は存在しなくなるのである。そこで、結果として、あらゆる箇所に点が存在するわけではないとされるのである。

それゆえ、ここの議論は見かけの複雑さとは裏腹に、その構造はごく単純なものである。大前提として押さえられている論拠は点は点に隣接しないという点に関する公理的な命題であり、そこから、点に隣接する箇所には点は存在しないことが結論として主張されるだけである。しかし、これはとりもなおさず、あらゆる箇所における点の存在の否定であって、こうなると直ちにデモクリトスの主張は論駁されるのである。

これは何やら詭弁じみてきこえる。デモクリトスが πάντῃ διαίρετον と言ったときには、おそらくはこのような返答は考慮に入れていなかったであろう。実際のはなし、πάντῃ を「あらゆる点で」と解釈すれば、このような問題の生ずる余地は無かったのである。これを「あらゆる箇所で」と解釈したために、点の存在しない箇所をどのように理解するのかという奇妙な問題が生じてしまったのである（点の存在しない箇所は今の状況設定においてならいくらでもある）。問題は、πάντῃ という語の用語法にある。この用語法による事態からかかる矛盾的な局面を抽き出したのは、やはりアリストテレスの慧眼と言うべきだろう。

ここで私は、はっきりと πάντῃ の二義性を指摘することができる。それは、注釈者が苦し紛れに言うように「任意の箇所でつぎつぎに」と「あらゆる箇所で同時に」の二義性である。「任意の箇所において」という日常的語法に従った意味は、任意の箇所が特定のものでない故に、「あらゆる点において」にまで拡張され得る（全称汎化はきちんと場面を限れば当然成立しているのだ）。そして、「あらゆる箇所において」と解釈されたときには、すでに点の概念の領域は超えられている。だから、「あらゆる箇所において」は点は存在しない、即ち「あらゆる箇所において」は分割はされないというわけである。

πάντῃ διαίρετον と言われれば、πάντῃ を「あらゆる箇所で」と訳したにしても、日常の語法の感覚では「あらゆる点で」（その他「いかなる点においても」、「任意の点で」等々）の意味に受け取られるであろう。これは、日常の健全な語感によるものであろう。しかし、言うなれば、これは議論を点だけに限った安全地帯における議論なのである。だが、ひとたび議論を線の上に移すならば、もはや安全地帯の防壁は取り払われている。いくら点を採っても漏れる場所（残余）が出るとは先程から見てきた通りである。即ち、そこでは、点が採れないのである。πάντῃ と言うときには、かかる箇所も当然含まれるはずである。いや、それどころか、これはいま最も問題視さるべき論理状況なのである。ところが、日常の語感から、それはつい忘れられている。忘れられたまま、ゼロの大きさへの分割という論理上ありえない状況だけが概念的に保証されて論拠となっている。――これがこの一節のアリストテレスの趣旨であると思われる。アリストテレスはデモクリトスの用語法の不備を衝くことによって――もっともその不備と言うのもアリストテレスの視座からのものであるが――その議論全体を論過と判定しているのである。

この批判がデモクリトスの議論が「無限分割」ではなくて「あらゆる箇所における分割」なる概念に依拠する処を衝いたものであることは明らかであろう。問題状況は線分上の点の無限集合に関するおなじみのものであるが、これまでの議論とはまた一種趣きを異にするものである。これが「無限分割」に立脚した批判であるならば、またもやゼノンの議論の再来になる処であった。

このアリストテレスの議論は巧妙にしてかつ強力である。アリストテレスは無限級数の極限値的手法を全く使わずして、その状況を概念的に構成しているからである。ここでなされている πάντῃ に対する ὅτι μία ὁπειοῦν καὶ πᾶσαι ὡς ἑκάστῃ という奇妙な説明句には、点の採れない場所がどうしても出てきてしまう点と線に関する逆理的存在様式が概念的に確定されているのである。（これがどんなに点を採っても依然として点の採れない余地は残るというような説明であれば、無限分割の観念に依るものになり、もはや解決済みである。アキレスの議論と全く同様になるからである。）ここには、進むことのできない場所がどうしてもでてきてしまうという例の二分割の議論と同じ問題状況が認められる。アリストテレスにおいては、言わば二分割の議論における「進むことのできない場所（点）」がそのまま概念的に確定された跡が認められるのである。（二分割の議論も無限分割の観念に依るものであるが、無限に分割される当の主体とは別の地点に視点を据えてなされているので、「あらゆる箇所における分割」の場合と同じ構造が現れていると解釈されるのである。）

このような主張には、幾許かの不自然な印象が付きまとうかも知れない。しかし、その不自然な印象は、線分の無限分割に関する極限値的思考が先入主となって生ずるものと思われる。実際のはなし近代人の常識によれば

「点に隣接する点」などという表現は、極限値的発想に依ることなしにはあり得ないものだろう。しかるにここでは、まさにそのあり得ない発想が論拠となって、それによって議論が支えられているのである。これは一つの弁証論の典型的な実例なのである。

アリストテレスのこの考え方においては、ゼノンやデモクリトスにおいて認められる分割をどこまでも繰り返し続けるという継起としての無限の思想がすっかり取り払われている。それゆえ、ここには極限値的思考が入る余地は全く無い。そのいみでは、ここには明らかな発想の転換が認められると言ってもよい。仮に不自然な印象が付きまとうとすれば、それはこの発想の転換に対してであると言えるかも知れない。

この視点から振り返って考えるならば、むしろデモクリトスの手法の方がよほど技巧的であったと言えるであろう。さきに説いたように不定の大きさでは世界を構成する要素たり得ないと解釈すれば別であるが、純粋に形式的にのみ考えれば、これは有限の量に関して極限値ゼロの観念によることなくゼロを表現する装置であったと言えよう（だからゼノンにおいては逆理とされたのであった）。無限に継起する分割の状況において極限値ゼロということ以外にゼロに相当する意味を引き出して見せたのであるから、これはただごとではあるまい。そこには必ず何かタネが無ければならない。アリストテレスは、言わばそのタネを弁証論で直截に示したのである。

それゆえ、デモクリトスにしてみれば、これは意表を衝かれる反撃であったにちがいない（いま不自然な印象と言ったが、これはデモクリトスの視座からなのであった）。しかし、こうなった以上は、二つの概念は同じ資格で対峙するのである。一方は技巧的に構成された実在状況を反映するものとして、他方はその状況を弁証論的に解釈したものとして。弁証論はストレートな攻撃性に富むものである。その攻撃を前にして、実在論は後退を余儀なくされるのである（黒が先番の利を生かして技巧的に確保してきたコミを、白が猛追撃によって徐々に削り取っていると言うべきか)。

この攻防は、結局どこまで行っても尽きる処は無いと思われる。それと言うのも、両者は同じ観念に別々のパラフレイズを与えた議論であるからである(既に論じたように、両者とも、抽象して言えば「線上に採ることのできない点」をそれぞれの視座から解釈した議論であった)。これは、言わば、逆理をはらむ事態の自己表現であるとも言えよう。逆理の逆理たる(既に触れたように不合理ではない)所以がみずから明らかになる処に、この攻防の意味は認められるのである。

しかし、実は、やはりこの攻防には決着はついているのである。いつまでも尽きなくて結局は引き分けに終わるにしても、まさにその事態がアリストテレスの議論の優位を示しているのである(持碁は白の勝ち)。それは、デモクリトスが自身の解釈の結果を「不可能事」と評価する技巧的な思考方法によっているという事実そのものに基づくものである。デモクリトスは将来した「不可能事」の故に、初めの要請である「あらゆる箇所における分割」そのものを否定した。しかし、このことは、実はアリストテレスが初めから別の概念で主張していたことだったのである。デモクリトスの技巧的な理論構成は、アリストテレスの荒削りではあるが図太い(実際文字通りに受け容れれば訳しようがない)概念に全面的に帰着するのである。

蛇足ながらもう一言論評すれば、デモクリトスが極限的発想を最後まで貫いて結果を「不可能事」としないならば、攻防は互角である。ゼノンなら、結果をそのまま承認して(もっともゼノンが概念的表現を与えたとしての話だが)、「存在は無に解消した」というようなことを言ったところであろう。デモクリトスの健全な実在感覚が自らの論理の徹底を放棄せしめたと言うべき処であろう。

しかし、このことは、何もそのようなもってまわった謂い方をしないでも、もっと単純に言えることである。デモクリトスの立場からすれば、当然〔線が点から成っているのではない（物体が大きさの無いものから成っているのではない）以上、あらゆる箇所における分割などということはあり得ない〕と言い切ってもよかったはずなのである。これは、結果だけ採り上げれば逆理めいて聞こえるが、物体が大きさの無いものから成ってはいないという条件を厳密に守るならば、決してありえないことではなかったのである。

だが、こうなると、これがそっくりアリストテレスの議論に帰着していることも明らかであろう。言うなればアリストテレスは、一見逆説に見えるこの奇妙な発言に、概念的な保証を与えているのである。

四　質料概念の成立

さて、以上の議論の上にアリストテレスは原子の観念を否定して行くのであるが、その議論はことさら論議を醸すものではない。当たり前の事実であるがごとくに、述べられるに過ぎない。原子の観念そのものについてはもともと関心は無かったかのごとくである。

アリストテレスの結論は、次のように簡単なものである。
（I）したがって結合や分解ということは〔確かに〕あるのだが、それは原子への分解とか原子からの結合なのではない（多くの不可能事がある故に）。また、あらゆる箇所における分割が生ずるという仕方でなされるのでもない（点に連続する点が存在したならば、このようなことにもなったろう）。そうではなくて、分解は小さいもの、一層小さいものへとなされ、また結合は一層小さいものからなされるのである。（317a12-7）

これまでの白熱する論理の応酬に比べると、この結論は何か物足りない印象を与えるかも知れない。しかし、実はそれで十分なのである。いま明らかにされたように、デモクリトス流に議論を構成していっても、それはアリストテレスの議論に帰着してしまい、物体はあらゆる箇所で分割されるわけではないということが主張できるだけであって、原子の観念を立てるには至らなかったであろうからである。

それゆえ、逆に見れば、原子を立てる論拠がすべて崩壊した後においても、初めに思い描かれた原子の観念（むしろイメージと言うべきか）は一向に打撃を被ってはいないとも言えるのである。それは、もともと論理上の打撃を被る筋のものではなかったのである。（だから実際問題として言えば、デモクリトスの議論が崩されたあとでも、なおも原子の観念に固執しても一向に構わないのである。そして、実際には、それはデモクリトスの採っている思考の方向であると思う。デモクリトスにとっては、原子を論理的に根拠づける議論よりも、やはり原子に基づいた自然像の提示の方が関心事であったと思われるからである。）

こういった事情は、実はデモクリトスの原子に関する結論からも明らかであると思われる。Ⅰの結論とは別に、Ⅱの部分でも結論がやや敷衍して語られているが、それはさきに見たⅠやⅡの前提的な議論から独立しても十分に主張され得るものであったと考えられるからである。

（J）しかるに、すくなくとも物体の分割は、離れて存在する部分へと、またさらに小さい部分へと、あるいは別々に離れて存在している大きさへとなされることは明らかである。実際、部分に従って分割して行っても、その細分は無限には至らないであろうし、すべての位置で同時に分割することはあり得ないであろう（それは不可能なことである）。そうではなくて、あるところまで行って止まるであろう。したがって目には見えないが不可分の大きさがあることは必然である。特に、分割と結合が生成と消滅〔を説く原理〕である以上は。（316b28-34）

ⅠとⅡの文脈の末にこの結論が出されているという構成は奇妙なものとされるかも知れない。しかし、その内実を考えて、これをいま挙げたアリストテレスの批判的結論と対比して考えるなら、その発想の対応の故に論理の対応が明らかになるだろう。（最初の一文は主張も論調もほぼ同様と見てよい。違いはそのようにして得られた大きさを不定性のままに放置するか否かにある。）

それゆえ、もとのアリストテレスの批判に戻って言えば、ここには物質概念に対するアリストテレスの思想的接近を認めることができる。それは、実質上は原子の概念に従いながらも、原理上はそれを否定して立てられるものだろう。ここではその否定の視座をはっきりと捉えなければならない。

ここで主張されていることは、物体はその都度さらに小さいものへと分割されるということ、ただそれだけである。その過程が無限に続くかどうかは不問に付されたままでよい。ここでは物質は「さらに小さいもの」という不定性の概念で捉えられているに過ぎない。これは、先にデモクリトスが自然を構成する原理たりえないとしていた不定性である。アリストテレスは、敢えて自然の原初の混沌に身を委ねようとしているのか。

そうではない。物質は不定性のまま放置されたとは言え、実質的には原子の概念に抵触するものではないからである。まずそれは分割された結果として獲得されたものであるから、少なくともその限りでは原子の観念の条件の何割かは満たしている。そして、それぞれの段階の分割に関しては、その結果である限りの安定性は示すはずである。それは、それ以上分割されないという保証は無いので、原子の観念を特徴づける代表的性格には欠ける。不可分性はドグマとして退けられる。しかし、不可分性が無いということは、実質上は何ら支障にはならないのである。分割のそれぞれの段階に定位して考える限り（我々は常にいずれかの段階に定位して考えなければならない）、仮に最終段階が成ったとしてそこに定位して考える場合に比べても、理論上変わる処は何も無いからである。

それゆえ、それ以上分解されないということが言われたにしても、実際の自然記述には、それは全く余計な規定であろう。そうなると、原子を立てる議論が既に崩されている以上、不可分性は無意味な独断と言われなければならない。原子の独断に対するこのような批判は、実際に近代科学が経験してきたことでもあろう。

そこで、結論的に言えば、ここに示された「さらに小さいもの（ἔλλατον）」は、原子から不可分性という属性を除いた物質の塊のようなものであると思われる。これは分割すなわち経験のそれぞれの段階に現れて、それぞれの段階における自然像の構成要素たりうるものである。不定であっても、それぞれの段階における安定性は示すのである。不定性は、そのように確定された自然の構成はその都度相対視されうるというかたちで現れる。アリストテレスは、このような意味において不定性を特質とする物質に、改めて質料（ὕλη）なる概念を充てている。

質料概念の内実は、「大と小」あるいは「不定の2」である。この不定性は、自然の構成において、いま言及したかたちであらわれるものである。ここに言及された「さらに小さいもの」という表現は、このような用語法に呼応する。

この概念の変容の意味は大きい。この変容によって原子論の記述は一挙に相対化され、単に可能的世界の一つにされてしまうからである。

このことは、しかしながら、それが想像される限りのあらゆる世界像の一つにされるということではない。原子の概念は、それに依る自然の記述がそれぞれの段階で最も安定した自然像を示すことは認められたままに、存在論の範疇から締め出されるだけのことである。それに替って質料なる概念は、みずからの不安定性を旨とするが故に、存在論の一環に位置を得ることになる。存在論において考える限り、原子の性格は無に通ずるものとして、その方向への問は打ち切られる。

アリストテレスが原子論に与えた位置は、一つのミュトスであったと思われる。実際、アリストテレスは原子論を論評するに当たり、プラトンの『ティマイオス』篇と対比している（315b28-316a4, 325b24-326b6, *De Caelo.* vol.3 1 299b23-300a19, etc.）。ミュトスとして見るならば、これははっきりとした思想的立場から表明されたきわめて精緻に首尾一貫して構成された論考であると言えよう。その点は、アリストテレスも、絶賛してやまない処である（315a34-b1, 316a5-14, etc.）。とくに、エレア派の運動否定を「狂気の沙汰」と決めつけ、レウキッポスがそこから空虚と原子の仮説により自然の記述の糸口を見出したことを記述するくだりは、理念史の典型を見るようである（324b35-325a2）。原子の仮説が自然のモデルを提供するものであることは、アリストテレスにおいても十分に了解されていたのである。しかし、いかに自然のモデルが成っても、アリストテレスの思惟においてはそれはミュトスの内の構成に過ぎないとされるのである。

これは、別の言い方をすれば、原子論は観念の構成であるとするアリストテレスの原子論批判は、デモクリトスにそれが観念の構成であることの自覚を迫るものとも言えるのである。その自覚が成った時点では、構成の論理が改めて問われ、原子論は存在論の中に位置づけられるはずである。もっともその際にはさらに大がかりな道具立てに依らざるを得ないために、いまに見る原子論とはかなり異なったものになっているであろうが。

他方、質料概念の導入は、この自覚に基づいたアリストテレス流の措置であったと言えよう。否定的にしか表現され得ない物質の不定性に定位して立てられたこの質料概念には、観念の働きに全面的に身を委ねることによって自然存在の物質性を解明する方法論的な意図が見て取られるのである。質料の問題が結局はすべて形相の問題に吸収され、形相論が系統的に展開されたそのときに、その形相にまつわる種々の議論がすべて物質的な意味を担っていたことが明らかになる——質料概念には、そのような逆転も期されていると思われる。しかし、それが具体的にいかなる内容であるかは、また長い議論に依らなければならない。

とあれ、原子《アトモン》という限定された局面においてどれほどの議論が展開され得るか——それを明らかにすることが、本論の課題であった。連続体の分割をめぐる議論の葛藤が一つの論理状況として再現されたことを期して、ここで私は筆を擱こう。

使用テキスト

Aristotle on Coming to be and Passing away, revised text with introduction and commentary, Harold H. Joachim, 1922.

参考文献
Furley, D. J., (I), The Eleatic Concept of an Individual Being, Zeno, The Atomist's Reply to the Eleatics, *Two Stuies in Greek Atomism*, 1967.
Furley, D. J., (II), Aristotle and the Atomists on Infinity, *Naturphilosophie bei Aristoteles und Theophrast*, Düring, 1969.
Barnes, J., Zeno:Paradox and Plurality, Zeno: Paradox and Progression, *The Presocratic Philosophers vol.1*, The Corpuscularian Hypothesis, ibid. vol.2, 1979.
Owen, G. E. L., Zeno and the Mathematicians, Proceeding of Aristotelean Society 21, 1958.

註

（1）ここは無理を承知で敢えて文字通りに訳した。標準的な文意は、ジョアキム訳に見るように、「分割が同時に（simultaneously）実現されていないにしても、一つの同じ瞬間に（at one and the same moment）次々にどこまでも分割されうるであろう」（Joachim, p.77）と言った処であろう。しかし、これでは、いま問題にしている理論のレヴェルを損なうものと言わなければならない。

（2）これは特にアリストテレスの次の証言による。「ある人々〔原子論者〕はこの〔エレア派の〕両方の議論に対して、次のような仕方で譲歩した。すなわち存在が位置を意味する限りすべては一であるとする論に対しては、非存在〔すなわち空虚〕が存在することを認めることによって、また二分割法からする議論に対してはある大きさがあるとすることによって」（*Phy*. vol.3, 187a1-3）。なお、ここに言う二分割法からする議論は、のちに分析する二分割による逆理とは別で、ものの分割を許せば存在は無限になるとするものである（DK29B3）。また、このデモクリトスの議論がゼノンの議論の影響下にあることは、たとえばバーンズが強く主張する処である（Barnes, vol.2, pp.50-58）。ファーリーも同じ視座からこの議論の理論性を強調している（Furlely 1, pp.86-90）。

（3）とくに、Barnes, vol.2, p.58。バーンズはデモクリトスの議論全体（要約のⅠ、Ⅱ）を（1）「あらゆるものが分割され得ることはあり得ない」から（2）「分割され得ないものが存在する」を推論する誤りであるとするが、それは解釈上無理であろう。ここは様相論理の話ではない。

（4） たしかにファーリーも指摘するように（Furly I, pp.90-91）、この議論はどこまでがデモクリトスの見解なのか判断に苦しむ処である。しかし、やはり、ファーリーが言うように、理論的な領域を確定すれば、その問題はさして重要ではないだろう。

（5） もっとも無限分割の事態はデリケートであるから、可能態―現実態の概念装置の効用はこれに尽きるわけではない。少し言い方を変えると、分割は無限に続けられるとも言えるであろう。このような視角からデモクリトスを批判することもできよう（可能的にも決してゼロの大きさは出て来ないとして）。実際、ファーリーは、アリストテレスのデモクリトス批判をこのような視角からなされたものと解している（Furley II, pp.86-87）。これは、可能態―現実態に関する標準的な理解であろう。しかし、バーンズのように「アリストテレス流のジャルゴン（この引用における「可能態―現実態」）はアリストテレスがゼノンの前提を反論するのではなくて却下するという事実を単に粉飾するに過ぎない」とも言えるのである（Barnes I, pp.266-67）。

（6） ὅτι μία ὁπειουν ἐστι καὶ πᾶσαι ὡς ἑκάστη. 省略の限りを尽くす一見意味不明な呟きに似るが、本論の論拠としてこのように訳せば趣旨は明瞭であろう。πάντῃ の無理な意味なるものは、ただ現れるだけではない。ある点を任意に採ったとき、その点にまつわる限りにおいて、分割点たり得ない個所が出て来るのである。これはやがて行論から明らかになる批判の論点である。

（7） 原文は οὐ πάντῃ のみ。古来ここは οὐ πάντῃ διαίρετον としての意味に解釈されてきた。次にすぐ分割された状況の理由付けのかたちで論じられていて、ここがこの一節の結論部に位置しているためであると思われる。しかし、この一節は、さきの冒頭（317a4-5）に見られるごとく、「あらゆる箇所で分割可能」というようなことが言われるための点の採り方を説いたものである。議論の主題は、既に点の方に移し換えられているのである。

（8） これは奇妙な表現かも知れないが、これによく似た発想は、ゼノンの第三の逆理（矢の理論）に関するオーエンの解釈の内にも認められる。即ち、オーエンの見るところでは、矢の議論に対するアリストテレスの批判は、瞬間の事情を時間区間の事情に拡張する誤りとするものであるが、それは、「隣接する二つの瞬間を採ることができない」ためである（Owen, p.217）。

付論三　哲学の復権

――書評・井上忠『根拠よりの挑戦』をめぐって――

一

哲学が一般読書界の直接の話題から去ってから既に久しい。それは戦後民主主義の状況の下でソフィスティケイトされた知識人たちが哲学のようにあまりに真正直に修養を説く行き方に冷笑の眼差しを遣ってきたことによると思われる。もっとも、冷笑してみたところで、そこに哲学に代る新たな思想が浮かび上がるわけではなくて、現代はまさに飢餓的な思想状況に陥っている。

しかし、実は、このことはそのまま現代日本の哲学の貧困の現れではないだろうか。哲学も、冷笑に慣らされて、その本来の問を正面から掲げる気力を失って、その肥満した体躯をもてあましている。それでも、最近になってようやく、こうした冷笑を真っ向から受け止める著作が哲学界から提示されたことは、ともかくも喜ばしい。

実際、表題に掲げた井上氏の著作くらい、世の冷笑を承知で（?）これだけ真摯に（口悪く言えば恥も外聞もなく）哲学の主題を高らかに繰り返し繰り返し歌い上げた著作は、ちょっと例を見ないであろう。ここには、今まで人々に忘れられてきた思考の原初の情景が垣間見られるのだ。それは学問の構築によっても芸術の精進によっても満たされぬ空白としてしか人々には捉えられない位相である。それは空白なるが故に、日常においてはさまざまな事実がそれを埋め、また、自称哲学者たちの多くもその埋め方を教唆してきた。それは「哲学」においても忘れられてきた情景であったと言えよう。井上氏も言うように「哲学も、哲学者と妖《いつわ》るものたちによって、哲学以外のあらゆるものに歪曲され変質されてきた」からには、哲学の復権もかかる情景を素直に受け容れる処から始める以外には術はないのであろう。

ところで筆者は、実はかつて井上氏の下にあり直々に教えを受けた経験がある。当時氏は、自らを「作品化の途を歩む作品」と化して周囲に集う者共に突き付けられていた。本書のどの章を見てもその形姿は強くこびりついている。昔日の面影は、まざまざと甦るのである。本書の作品群の執筆期間は実に二十年にわたり、氏の卒業論文に手を加えた「アリストテレスの〈有〉把握」から本格的な最新の論稿「アリストテレスの言語空間」に至るまで、基本的な構想は大きく分けて二度ほど変化してはいるのだが、その変容を貫いて変らぬ一なるものが新鮮な息吹で呼びかけてくる。これは、反面、二十年の歳月の重みを感じさせないということでもあろうが、この点は時間の中に現れない存在を追う「哲学」の思考につきものの宿命なのかも知れない。

現在に至るまでの井上氏の基本構想は大きく三つの時期に分けられる。第一はタレスとパルメニデスを論じた最初の三篇の時期、第二はプラトンのイデアに肉薄する「作品」論の時期、第三は言葉による「存在の開披」に潜入する現在、この三つである。

本書の冒頭はタレスを論じながらも「プラトンへの挑戦」と銘打たれたもので、この一篇だけで第I部をなしていることからも分かるように、全篇の鳥瞰図ともなっている。この作品は、初めての読者にはあまりに客気にはやる文体の故にその問題点を見失う虞もあるのだが、これは第一期の総決算でありここに井上氏の哲学する姿勢がすべて込められているとも言えるので、そのままひとつの完結した芸術作品として受け容れらるべき作品である。しかし、同時に、副題が「質料論序説」となっている点は見逃してはならない。この主題は、実は、井上氏のすべての基礎に据えられ続けているものである。表向きは形相（イデア）の方向にのみ展開されて行ったモチーフの秘められた内面が示唆されて興味深い（質料論は肉の身である我々の現実の位相からの発言であるはずであり、イデアに肉薄した第二期においてイデア論からの逆転として展開されるはずであったのであろうが、それが断想として未収録作品『死者は甦る』の中に方向付けが与えられた時点で氏が別の方向に予期されぬ展開をされたしまったので、現在でもいまだ序説のままに止どまっている）。

何と言っても全篇の白眉は『出で遭いへの訓練』であろう。ここでは『挑戦』に見られた客気は自然な文体として定着し、逆にこの文体（言葉の形相）が媒介となって論者そのひとの思想を次々に曳きずっては形を与えて振り捨ててゆくという作品形成のからくりが、自ら実演されている。次々に振り捨てられてゆく思想はその場その場で透明なきらめきを発する結晶となって全篇の指標の機能を果たす。実際ここには色々なテーマが陳列される。全体の構成は言わば無手勝流とも言わるべき八方破れの相貌を呈しつつも、名匠の鑿使いにも似た（これは井上氏の好まれる比喩なのだが）鋭い切れ味によって個々の局面は辛くも処理されて、哲学としか呼ばれ得ないひとつの思考系が作り上げられてゆく。『挑戦』においては暗示風にしか示され得なかった哲学の諸相は、ほぼ全貌を顕わにしたといってもよかろう（私はこれを読むたびにトスカニーニのすさまじい切れ味の第七交響曲の演奏を思い出す）。

問題は、単に「作品」論に過ぎないかに見える。しかし、ここでは「作品」はたんなる主体の表現ではなくて、そこには表現者そのひとが表現する過程において同時に自己自身をも作品化することが目論まれている。それを支えるのは我執であろう。作品化によって浄化さるべき我執に支えられることがなければ決して成り立ち得ないという悲劇的相貌を、この「作品」は帯びている。それはけっして完結を見ないのである。作品が成るとそこには我執が射影変換されてひとつの形相として現れる。作品という形相を媒介として、自身はますます果てしなき作品化の途へと駆り立てられるのである。

この作品論には、実際、怪しい妖気が漂っている。「我執は、みずからを、作品を造形して、作品化された我執の姿そのものを、披かれた純粋な空間という背景の前に、他のもの達と、なんの異なりもさしはさまぬままに、据えてしまいたいのだ」（p.156傍点引用者）。——井上氏には珍しい悲痛なうめきにも似たこの言葉は、このような「作品」構成のからくりを生々しく物語る。しかし、このうめきも、作品と化して修羅の形相（ぎょうそう即けいそう）を獲た我執から発せられたものであるかぎり、透明な結晶となってきらめくのである。

今にして思えばこの数年間は確かに氏の思想のひとつの完成期であったが、それと同時に新たな展開への始動期でもあった。その目で見ると、次に続く『イデア』と『イデアイ』の評価も普通以上に厳しくなってくるものである。『イデア』は論者みずからが語るようにこれまでの到達点の整理の性格がやや目立つし、『イデアイ』の方も、井上氏はひとつの芸術作品のように扱いたい気持のようであるが、『訓練』に比べると何よりも氏を特徴づける劇的な躍動と展開が見られず、一抹の不足感が拭い切れないのである。それは、躍動する全体を集約した静的な一断面に固有の限界かも知れない。

それに対してこの時期に書かれた未収録作品の方では、今まで誰もが敢えて踏み込まなかった領域に大胆に踏み込まれて、哲学の具体的なあり方を直裁に示されている。作品論が、鬼気を漂わせながらも、広く言うところの芸術論の範疇で受け容れられがちであるのに対して、こちらの主題は人の世の全領域に浸透している。今まで「作品」という完結した形式の側面にのみ据えられてきた視線は、ここに漸くそのために捨象されてきた具体的な内実へと向き直されかけている。そのために、叙述はあちこちに揺れ乱れ、「泥濘深き道」にまみれている論者の姿が目に見えるかのごとくである。しかし、井上氏に限らず、思想とはこのような経過の上にのみ豊かな成熟を見るものであろう。そして、井上氏も、思想上の成熟の寸前にまで到達されていたものと考える。

以上は、とくに『死者は甦る』について言えることである。『訓練』がトスカニーニなら、こちらは八方破れの巨匠クレンペラーと言ったところであろうか。この論文は『イデアイ』とほぼ並行して執筆されているので、その対照を見るためにも本書の読者にはぜひ目を通していただきたい作品である。本書に収録されなかったことは残念だが、それは主題上当然とされなければならない。氏はみずから、氏の「哲学の夜明けに達した」とは言われるものの、この時点ではそれ以上にはいまだ何の具体的な手立ても打てないままに止どまって居られるからである。その成熟を見るためには、やはり更なる試練の超剋が課せられたのであろう。実際、氏は、一つの完成と同時に顕現した試練によって、論者自身も予期せぬ方向への転回を余儀なくされたのである。

二

私が常々感銘を受けていることは、氏があれほどまでに彫琢しぬいた作品論をあっさり振り捨てて（それは同時に目前に約束された豊かな成熟を犠牲にしてということであるが）、試練を正面から受け止めて、敢えて論理の低迷に甘んじられたことである。これこそが、芸術でも学問でもなく、さらには思想でもない我々哲学の徒が当然たどるべき途であることを想えばなんら不思議はないはずなのであるが、これまでの氏の華麗な思考がそれを隠してきたのは、思えば皮肉な成行であった。もっとも氏の場合にはアメリカ経験という外的な事情もあっていささか氏にそぐわない印象も残るが、その点は戦後民主主義下の哲学界の現状においては止むをえなかったのかも知れない。

『アリストテレスの言語空間』は、こういった最新の情報を伝える特異な作品である。一見して分かるとおり文体は不自然に硬直し、論旨も要領を得なくなっている（哲学は難しいと言って投げ出してしまう読者がいても不思議ではない）。それは、言葉が問題になっているとは言いながらも、そこには常に言葉の外の「存在」が「負荷」されているためであろう。「実際、アリストテレスにとって言葉とは、人間の現存における言葉、人間の現存を担う言葉であって、…（中略）…常に、言葉によって披かれる人間の現存、またこれと表裏一体をなすものとして、人間がそこに棲まう存在の風光の、言葉を通ずる披きこそが問題であった」（p.291）。そして、ここにいう言葉は事実を写像する普通に思い描かれる言葉（物言語）ではなくて、「美しい」に代表される評価語、つまり「公共語の基盤として誰しもが考える事実存在のうちにではなく、われわれの自己存立の近みにその出生地をもち、われのごとく濃密な近景を照し彩る言葉であって、いわば自己中心の別天地を創造してゆく事実作品化の途、その自閉症とも見える世界に巣喰うにもっともふさわしい「私の言葉」」を原点として考えられたものである（「このものとは何か」『講座　哲学』第一巻 p.132 参照。この論文も最新の代表作であるのですぐ後に触れる。なお、この論文は後に『哲学の現場――アリストテレスよ語れ』にも収録されている。p.92）。

それゆえ、見かけの転回とは裏腹に氏の内面は、意外に初期の存在体験とも言うべき位相に安らって居られる。しただ、そこには、存在を負荷された言葉の分析という思考を確実に導く手法が身に沁み込ましめられている。しかし、この手法が死角になっていたからこそ、作品論の位相は到達されたのである。

この手法が極端な主観主義に陥らないためには、「美しい」にはイデアの背後からの支えがなければならない。イデアは出で遭われるだけではなくて、さらにその論理が追求されるのである。ここで論点は急速にイデア論の核心へと絞り上げられるわけであるが、当作品は表題のとおりアリストテレスが言葉によって「存在を開披する」手法をアリストテレスに即して論じたものであるから、一般の読者にそのまま理解されるとは到底言いがたい。そこで、氏の趣旨を損なうことになるかも知れないが。私なりに論点を整理して、一通り筋を通した解説を施しておきたい。


本論稿の焦点は「内属性」である。「内属性というアリストテレスの思考経験の局限された途上にだけ現れている存在開披方式において」アリストテレスがいかなる具体的な処置をして行ったかを論じたものである。そのための道具立てが、ヒュポケイメノンの概念の改釈なのだ。従来ヒュポケイメノンは文脈に応じて「主語」と「基体」と訳し分けられてきたが、氏はこの訳語が直ちに文法上の主語や物質的な塊りのニュアンスを持つのを嫌って、あえて誤解を招きやすい「先言措定」なる訳語を充てられる。アリストテレスはヒュポケイメノンなる術語を使う際にはある言葉がヒュポケイメノンとなってとは言わず、ある言葉が別の言葉をヒュポケイメノンとしてとか、別のヒュポケイメノンにおいてとかと言うのであるが、「先言措定」とはこの用語法に忠実に従った訳語であると考えられる。そして、この考え方から、従来の「主語」と「基体」の内容が確定される。

主語とは、ある言葉（名前）が発せられる際の論理上のメカニズムを図式化して獲られたものである。ある名詞が発せられる際にはその名詞が位置付けられている言語空間の外にある何者かが示唆されていて、当の名前はその何者かについて発せられるのであるが、その場合、その何者かは「これ」なる代名詞の形でしか表現されない故に、文法形式上の術語を借りて主語と呼ばれるというわけである。井上氏は、アリストテレスに倣って、「人」が発語される際のメカニズムを例示される（「これ（この人）は人である」）。しかし、この場合「これ」はある一定の内容を指示しているのであるから、正確には「（当のある人）は人である」と言うべきところであろう。そこで、「人」は、必ず「当のある人」を指示する固有名詞もしくは「貴君（貴女）」や「彼（彼女）」を「先言措定」として予想した上で発語されると説明されるのである（これは我々が普段使う名前はみな集合として機能しているということである）。

これに対して、日常の言語使用に際しては、その言葉（単語）が発せられる際のメカニズムではなくて、その言葉（単語）によって示された事態の事実上のあり方が問われるような場合もある。たとえば「白」が発語される場合には、「人」の場合のアナロジーとして「これ（当のある白）は白い」という言明も考えられないこともないが、それ以上に自然なのは、「彼の顔色は白い」というような場合であろう。アリストテレスは、「白」が発語される際には、このように「白」とは意味の上から言って直接的に関係のない別のモノ（「彼の顔色」一般的に言って「身体」、さらに抽象して「表面」）を必ず予想して、それに随伴するかたちでなされると言う。氏によれば、これはとくに「言外」になされた「先言措定」（「言外措定」）であるとされる。言語空間の外に措定されたものであっても、言葉が発語される際にその言葉が必ず示唆することを指摘した点が重要なのである（この場合の「白」は集合をなしえない）。

従来の「主語」と「基体」の概念をこのように日常の言語使用における発語の先言措定の二相として捉えると、その着想の延長として、発語によって言い抜かれる「存在」には次の四種が考えられる。いま指摘した①「人」

の場合（人なる集合）と②「白」の場合（個々の白）に加えてすぐに思い付かれるのは、③「白」が①のように一般的な段階で発語されることはないかと想定される場合である。つまり、これは、一般的な性質を示す概念が発語される場合である（集合としての内属性）。集合であるから、成員を先言措定として語られ、また性質であるから何らかのモノを「言外措定」として随伴している（例はすぐ後に主題として述べる）。最後のひとつはこの対極であって、④上記のいずれの意味の先言措定をも予想しない場合である（当のある個体、すなわち個体実体。但しこの場合には述定は成立しないので、述定の成立する場合は事実上は三つである）。先程からの叙述ではこの個体実体が他のモノに対して先言措定となるはずなのであるが、アリストテレスは直接そうは語らない。この点は特に注目さるべきである。

このように整理してみると哲学の究極の課題であるイデアを視る糸口がはっきりと浮かび上がる。問題は、第三の場合である。例から判断するかぎり、アリストテレスは「白」なる集合は認めず（集合として認められるのは「白いもの（表面）」なのだから）、集合として見るかぎり内属性に関してはもう一段階一般化の進んだ概念において初めて認めていることになる。この場合、「白」は上位の集合をなす一般概念（色）の要素となっている（「白は色である」）。また、「白」が集合とはされないということについては、「白」は内属性であるために事実上は常に「顔色の蒼白」とか「積雪の純白」とかというように具体的な位相を示す概念を予想することを想えば了解されよう。これは、主語として「先言措定」される語の言わば資格の問題であろう。アリストテレスによれば、例で判断するかぎりではあるが、実体である「当のある人」は先言措定されるが、内属性である「当のある白」はされ得ないのである。これを解説すれば、「実体の場合には一般者から個体への特定指定が一応明白であり（とくに「人」の場合は固有名詞の使用に支えられて）、④すなわち言葉による存在開披（叙述）の明るみを超える存在位相を、〔つまり〕言語空間外からの存在の加圧を、ともかく言葉で表示しうるのに対して、②の内属性の場合にはそれ自身が既に述語となりうる③の範囲でのみ〔つまり「一般的な段階で発語される場合」にのみ〕言葉は先言措定の加圧を担いうる」ということになろう（p.299）。

これは、一見、実体を指示する語には語の写像性が生かされて、写像性が十分に生かされない内属性の概念よりも優位に立つことを主張するように見える。しかし、実際はそうではない。狙いは、逆に「これ」なる先言措定は、実体においては一応個体を指示しうるが、内属性においてはさきの繰返しになるが、「これ」なる先言措定の内容として代入されうるものは個々の白いモノではなくて〔「人」なる種概念に相当する段階の〕「白」なる存在位相であるという事実を指摘する点にある。これは「白」が集合をなし得ぬために結果する事実である。そして、それゆえに、「白」は、発語のメカニズムとしても「それ自体の存在開披性をもち、しかも〈ソクラテスの白〉、あるいは〈雪の白〉や〈紙の白〉などの個々様々な〈具体的な〉白が先言措定された上で〈白〉がそれらの一般述語となるのではなく、まず〈白〉が先言措定された上で、いわば上位の方向へは類種系列が成立し、下位の方向へはそれが内属性であることによって分化が〔「当のある白」〔に至るまで〕〕進められるのである」（p.308. 傍点引用者）。

私の了解によれば、このように探り出された内属性（白）は、そのままイデアとして通用する。イデアとは、普遍的であるにもかかわらず「これ」なるかたちで指定される実在であったからである。もっとも、氏によれば、イデアの地平を抜く語としては「美しい」や「善い」などの評価語である。だから、乱暴に言い切ってしまえば、氏にとってイデアとは「美しい」が述語される原点の「美」なのである。しかし、「白」もそれが発語される際に「話者が自分で〈白〉の基準もしくは理想を想定して（あるいは想定したつもりでいて）、その基準からのずれの程度によって評価を加えながら発言する場合」があるかぎり、「白い」は一般記述語であっても、「本来の〈美しい〉のもつ構造を負荷される」ことになるのである（p.302）。但し、内属性がイデアとして認められるためには、その特質がさらに実体との対比の上で確認されなければならない。この点こそは井上氏のもっとも執着される論点なのであるが、本論考では言葉の端々に示唆されるだけで、議論はそこまで展開され得ずに終わっている。そこで、僭越ながら意を汲んで、締めくくりになりうる範囲で補っておきたい。

イデアの性格を負荷された内属性は、実は、実体の個体性（実体の実体性とでも言おうか）を脅かすのである。いままで敢えて不問に付してきたが、個々の事物が実体であるとか実体においては個体が「これ」の内容であるなどという言い方は不正確に過ぎ、あまりにも通俗的な（つまり誤解された伝統哲学的な）偏見と言うべきである（アリストテレスにはたしかに個体の優位を説く一面もあるが、それがいかに特徴的で重要な一面であるにせよその側面だけが無条件的に摘出されてきたことは、アリストテレスにとってはもちろんのこと、哲学にとっても不幸であった）。内属性は実体なる概念のこの弱点を直裁に衝くものである。実体の場合に「当のある人」が先言措定されるというのは見掛けの事例に引き摺られた皮相な把握に過ぎないのではないか。この場合も、発語のメカニズムとしては「人」が「動物」に対して先言措定されていると言うべきであって、その関係に基づいて「当のある人」も実体の場合の特例として先言措定されるのではないか。そして、さらに、この特例の故に実体の場合には逆にイデアを披く地平が隠されてしまうのではないか。――内属性は実体にこのような問いを突きつける。このとき、実体は、単に個的な在り方をするものというだけではなくて、さらにその存立構造が検討されなおされるのである。しかし、これはまた、さらに大きな論点である。

三

いま一息にひとつの筋を引き出して氏の構想を紹介したわけであるが、読者におかれてはこれが間接的に氏に対する批判になっていることを認めてほしい。私としてもoversimplificationがよくないことくらいは分かっているつもりであるが、ここまで単純化しないと私の理性は働かないのである。そこで、ようやく働き始めた理性をもう一ふんばり働かせて、気になる論点を付記しておきたい。

その一つは、存在の開披という思想である（井上氏は「思想」を拒絶されるが、「存在の開披」は紛れもなく思想である）。この思想は対象の二重性を前提するために、想わぬ誤解に導くことにもなる。「こころのさまは万人に同一とは、こころのさまの成立の仕方、その現成方式が、万人に共通な基礎定立、基礎前提によっている、との言明にほかなるまい」（p.289）という解釈は、どう考えても無理ではないか。「こころのさま」と「それの成立の仕方」では考える視点がまったく異なるし、また、ここで「成立の仕方」を論じても全体の筋としては意味がないと思う。またそのすぐ前の「ひとびとのこころざまが、その内容において同一である筈はない」という断定にしても、同一人物におけるか否かは問わないにしても、同じ対象のその時々におけるこころに浮かぶ様が同一でないとされていることになるが、これでは、あまりに事実に密着し過ぎる発言ではないだろうか。ここは、『命題論』冒頭における

事実――写像→こころ――徴表→声――徴表→文字（氏の図式は上下逆、判明を期して敢えて書き換えた）

というアリストテレス流の言語写像説を話題にした箇処である。（1）『命題論』では前二者が万人に同一であるの

に対して後二者は同一ではないとされているのであるが、ここはアリスステレス自身が指示する『霊魂論』第三巻の議論を参照すれば事実の写像は形相としてなされると解釈できるのだから、なんら問題にはならないはずである（『霊魂論』の該当箇所でははっきりと「こころのうちに立ち現れるのは石そのものではなくて、石の形相である」（431b29-432a1）とされている）。そして、これは、イデアに通ずる内属性を論じた氏の全篇の構想にも適合するものである。個々の白に違いがあっても、まず白なるモノが「万人に同一なるこころのさま」として現れ出るのである。それが「存在の開披」が語られる所以であろう。しかし、氏はこの「開披」に必要以上にこだわられた結果、不要な形而上学に手を染めてしまわれたものと思われる。

さきの先言措定の概念についても、繰り返しになるかも知れないが、もう少しはっきりとした限定を施しておきたい。「先言措定」は、それがまず主述関係のアナロジーで提起されているのであるから、標準的にはまず言語領域内の概念として想定されていると見るべきであろう。しかし、氏の強調する論点は、語が発せられるときには語の外部の何者かがその語の指示対象として喚起されることがあるという単純な事実である。そこで、このような事実が認められるのはどの場合においてであるかを先の三つの場合について点検してみれば、それはすぐに、②の個々の内属性の場合であることが分かる。この場合には、「この白」については、たとえば「今朝の積雪の白」や「A氏の顔面に現れた蒼白」が想定されるからである。これは、純粋に言語を言語自体として分析するに際しては、いわば不純な要素が持ち込まれる場合と言えよう。些細なことのように思われるかも知れないが、「何か」について述語される例の三つの場合の内で言語のみの領域に閉じていない場合はこの場合だけなのである。あるいは、逆に、アリストテレスは言語表現の純粋性を想定するに当たって思考を研ぎ澄まし、純粋性の破られる②の場合に注目し、言語表現の豊かさに留意したとも言えるかもしれない。しかし、本質論の視座からすれば、純粋性の保持される①の場合だけが主述関係からなる命題の見本となっていると考えたはずである（内属性の場合でもそれが③の場合のように一般的な内属性「白」についてならそれを主語として「白はしかじかの色である」というように①の場合と同じ形式が成り立つ）。

だから、先言措定なる概念について言えば、論理上それを必要としない「実体」の場合の方が純粋性が保持されるという意味において特殊であるとすべき処であったのである。[2] 言葉は、一般に、言外に何者かを予想するはずなのであるが（この点がイデアの離存性に対する制約として本質的に重要である）、「実体」の場合は、むしろ言葉が「存在を開披する」とは言われない（実体の場合には、「実体」を示す語同士の在り方が、そのまま「存在」に視されるのだ）。これをアリストテレスに即して言えば、「人」がある「先言措定」について語られる①の場合が特例であったということである。そして、このことは、アリストテレスのヒュポケイメノンの概念の使い方として見ても、妥当であると思う。ヒュポケイメノンこそは、さきに指摘した意味における質料として、哲学の根底に潜む問題であったからである。

四

最後に井上氏の転回の問題をめぐって、氏の思考の特色を分析して総括としたい。私はずっと不用意に転回という言葉を使ってきたが、これまで論じてきたことから明らかなように、それは見かけに過ぎなくて、氏の基本思想は変ってはいない。いや、未だ変りえていないと言うべきである。変ったのは、日常の言語使用という哲学を生み出す豊かな沃野に視点が据えられたということである。そこから、世に言う言語分析という哲学の確実な方法が獲られる。しかし、それにしても、何も今になって事新しく論じたてるほどのことはあるまい。

私が転回ということで指摘したいことは、見掛けの変貌とは裏腹に、テーマが極限にまで単純化されてしまった結果、「〔私が〕在る！」と「美しい！」という氏の原点だけが相対的に浮かび上がり、氏の思考が空転しかかっているということである。このような指摘は酷かも知れない。しかし、私には、たとえば「死者が甦る」においても突き詰められた様々なテーマがすべて「在る！」と「美しい」だけにに還元されてしまうとは到底考えられないのである（そもそも質料の問題はどうなったのか？）。もちろん、氏も質料論のテーマは別の装いで甦らしむべく反撃の構えを整えて居られたに違いない。しかし、私には、それは「作品」論からの逆転として以外には、どうしても考えられないのである。

「美しい」はイデアを視る手がかりとなる術語の例として挙げられているのであろうが、それは氏にとっても意想外の危険な思想状況を招来するのではないだろうか。「〔このもの〕とはなにか」の結論部で、氏は「〔美しい犬〕の範例構成には、たとえ犬の自然に反しても要求される要素があっても不思議ではない（傍点引用者）」と言われる（既出『哲学の現場』p.94）。ここは「美」の「事実経験像から超越する」性格、すなわち「実体分類を超える超越性」を論ずる箇所であるから、一つひとつの言葉遣いもその脈絡から捉えなければならないのではあるが、それにしても「美」の欺瞞性にも通ずる危険性が図らずも表明されているとは言えないであろうか。この「犬」を「人」に代えたらどうなるか。これが危険な優生学的発想に陥らないとする保障はどこにあるか（ちなみにこの辺りを論ずる昂揚した文体がフルトヴェングラー風に感じ取られるのは、筆者の偏見に過ぎないのだろうか）。

「美」は、たしかに、ギリシア哲学の（なかんずくプラトン哲学の）究極の価値理念である。しかし、「美」には、素直には受け容れ難い難点がある。美と言えば、私には、「美しすぎるために金閣寺に火を放った」少年の心理

（小説『金閣寺』）が想い起こされてならないのである。知性は果たしてこのような狡猾な「美」に対峙しうるだけの力を有し得るであろうか。「哲学」こそ、論理の力を磨くことによって、そのための力を養わなければならないのではないか。——これが、井上氏のみならず、氏を通してプラトンその人にも私が尋ね続けたい論点なのである。

註

（1） 念のため、直訳して訳文を掲げておく。「声の内にあるものは〈こころ〉の内にあるものの徴表（σύμβολα）であり、文字は声の徴表である。そして、文字も声もすべての人々に同じではないが、これら両者がそれの徴表である第一のもの、この第一のものは〈こころ〉の情態であるが、それはすべての人々に同一である。さらにまた、〈こころ〉の情態がそれのに姿である当の事物は、初めから同一である。」（16a3-8）

（2） 本質論のモデルともさるべき実体の述定方式の方が特殊であるとは奇妙な印象を与えるかも知れない。しかし、思考は、内属性の存立の可能性を検討するままに、質料概念に不可避的に直面せざるを得ない点にまできてしまっている。実体概念の特殊性は、実は以下に述べるヒュポケイメノンの概念の浮上に符合するのである。

後　記

本書の着想は、おおよそ半世紀前に遡る。当時私は卒業論文に取り上げた『形而上学』に比べてやや具体性の勝ると見込んだ『分析論後書』に直面して、修士論文の作成に専念していた。その作業は数年後に、赴任した大学の紀要で辿り直されたが、基本的文献考証の不足は如何ともしがたくて、完成はさらに十余年後の再構成にまで持ち越された。文末に記すとおり、本書の第一章と二章は、その際の一つの成果を原型とするものである（第一章は二章に先立って一年余り前に完成していたが、投稿した雑誌に採用されなかった）。

全篇をそれを礎石とする確かな認識に達するためには、さらに数年の歳月を要した。八十年代の半ばになってようやく恩師斎藤忍随先生の計らいで出版の兆しが見え始めた矢先、先生の急逝で中途挫折、私は解放されないままに研究課題を従来からこだわりの焦点となっていた古代ギリシア音階理論の解明に振り向けていたので、本書の問題は、これを放置したままに今日に至っていたものである。もっとも、この問題については、勤務した大学の講義において、哲学における私の確信として、繰り返し語り続けてきたものである。

今回の出版は、その旧稿に全面的にさらに目を通して随時加筆と割愛を繰り返し、現在の確定した了解状況の報告として再編したものである。再編に際しては二十余年前の完成稿の生気を最大限に生かして私なりに切り開いた独自の見解の確認に努めたが、反面、新たな発展と着想の進展はほとんど見られなかったことを正直に告白しなければならない。それでも、たんなる添削の積み重ねに過ぎないような作業の節々においてもアリストテレスの躍動する思考の展開はひしひしと感知され、二十余年前に執筆していた頃に匹敵する精神の高揚を覚えた。

改めて古典の有する威力に感じ入った次第である。

もっとも、四半世紀の断絶の後に作業を引き継ぐなどということは、この流動性の著しい時代には有り得ないとされるかも知れない。この間には、本邦においても既に十年以上も前に、千葉恵氏の『アリストテレスと形而上学の可能性』（二〇〇二年、勁草書房）のような、本格的な、おそらくは著者においては決定的とも想定されるはずの研究書も刊行されている。しかも、当書には、氏の数年間にわたるオックスフォード大学におけるD・チャールス教授ほか著名の研究者たちとの交流の成果が踏まえられており、欧米の研究状況の活況も推測される。本書が当書の支柱をなすと想定される章（序章「アリストテレス哲学における方法論」と第四章「論証と定義」）と同趣の主題を掲げる以上は、一言言及しないわけには行かないだろう。そして、言及するとすれば本来なら当然独立した一節を割くべき処であろう。しかし、今はその余裕がまったく無い。最小限の私見の披露で許されたい。

氏のアリストテレス観を一言で言えば、「探求論の哲学者」、しかもその「探求論」は「発見的探求論」である（二二四頁）。氏の問題関心（あるいは思考態度）はこの「発見」という処に収斂していると思われるが、これが媒介項（中項）発見の手立てとして具体的に問われるということであるとするならば、こう言い切ってしまうと身も蓋も無い話になるかも知れないがことは簡単で、これが私が第一章で主題的に論じた推定の演繹である。氏と私とでは目の付け所がまるで違うので、対話の可能性が絶たれるのであろう。氏の引用した箇所は本書でも第一章の引用文（E）として記したが、私には氏がこの簡明な箇所から何故に敢えてあのように入り組んだ議論を構成しているかが分からない。おそらくは当箇所は当書の中心となる章の発端をなすのだから、この箇所における不可解は後に残る。

思うに、氏の意図は、アリストテレスを体系的な学の可能性の追求者として捉え、その成功の過程を解明しその成果を一般化するという点にあるのであろう（いま触れた無理としか思えない議論の展開もその意図からくるものと斟酌される）。しかし、私には、そのアリストテレス観が、どうしても受け容れられないのである。私にとってアリストテレスの魅力は、断片的とも見える言葉の連なりに隠されている意表を衝くアイディアのきらめきである。そのきらめきを順に辿ると、これまた思いがけない思考の連鎖が成り、一つの特異な思想が浮かび上がる。本書はその思想の系統的な集積である。

あの『分析論後書』や『形而上学』等における泥濘深いぬかるみを歩むような文体（思考態度）は、そのきらめきを孕む豊饒な土壌である。アリストテレスに体系を求めるのは、アリストテレスの言葉に秘められた特異な着想をむしろ殺ぐものとしか思われない。

氏の師事するチャールス氏の大著も、拾い読み程度にしか読めていないので論評は避けるが、氏のあとがきにあるとおりであるとするならば（四〇九頁のチャールス氏の発言）、本書とは直接的な問題関心を異にするものと見ていいだろう。

また、本書の修正執筆の間には、新たに刊行中の新版『アリストテレス全集』における『分析論前書』と『分析論後書』を収めた第二巻が刊行された（昨年十一月）。本来ならつぶさに点検して論評すべき処かも知れないが、一読して本書における独自の読み方に関してはほとんど関連するところが無いことが判明したので、論評の対象にはしなかった。『分析論』と言えば、生硬さが残るかも知れないが、旧版の井上忠訳と加藤信朗訳に慣れすぎていることもあり、また新訳に触れると本書の文体に影響してくる虞れもあるので、敢えて触れずに通した次第でもある。

本書の推敲の過程で、恩師井上忠先生と並ぶもう一方の恩師が亡くなられた。本書の原型になった論文を執筆していた当時は、先生は私の哲学の導きの星であられたので、追悼の意を込めて旧稿の書評を付論三として追加した。これには私的な情緒性の発露も否定できないが、第三章の内属性に関する議論の背景の披露にもなると思われるので、そのいみで掲載は許されると考える。なおこの一文は、実はうかつにも正直に書きすぎて先生の逆鱗に触れた代物である（ここではもちろん筆が過ぎた箇所は削除した。そのときたまたま居合わせた当時理想社の木下修氏が「これは先生に対する愛情表現の発露なのではないか」と取りなして下さったことを懐かしく思い出す）。

さらに、本書の校正の過程では、良き大先輩岩田靖夫氏の訃報に接した。岩田氏は本書の出版を知泉書館に推薦して下さった本書にとっては誕生の直接の恩人である。月並みながら、改めて人の世の空しさを噛みしめているこの頃である。

末尾になったが、その時々の勉強会（読み合わせ会）ないしは談話会で素直な疑問を発して著者を困らせかつ発奮せしめた専門を異にするモノ好きな同僚諸氏や学生諸兄姉の存在を懐かしみつつ、本書におけるローマナイズされたギリシア語単語成句のギリシア文字化について御手を煩わせた田子多津子女史（秋田大学講師）にまた格別の感謝の気持をここに伝える。

平成二七年（二〇一五年）三月

著　者

初出一覧

第一章　論証知の構造『分析論後書』冒頭における問題提起をめぐって　（『秋田大学教育学部研究紀要　人文科学・社会科学』第三三集　一九八三年二月）

第二章　自体的属性の論理　（『　同　』第三二集、一九八二年二月）

第三章　類の措定とその基体性　（『東北哲学会年報』一号、一九八五年二月、「類の基体性」『秋田大学教育学部研究紀要』第三五集、一九八五年二月、「HYPOKEIMENONとHYPOTHESIS」『哲学雑誌』第一〇三巻七七五号、一九八九年一〇月）

第四章　定義と存在問題　（『秋田大学教育学部研究紀要、人文科学・社会科学』第三六集、一九八六年二月）

第五章　帰納法と分割法　（『　同　』第三八集、一九八八年二月）

付論一　数学的真理の問題　（『　同　』第四一集、一九九〇年二月）

付論二　原子の不可分割性をめぐって　（『　同　』第三〇集、一九八〇年二月）

付論三　哲学の復権　（秋田哲学会『影地』五号、一九七四年九月）

（付論については執筆年代の違いから来る文体および注の付け方等の違いが著しくて見苦しいかも知れないが、それも筆者のその時々の執筆態度の反映であるとして、敢えて統一は避けた。）

山本 建郎（やまもと・たつろう）
1940 年東京に生まれる。1964 年 東京大学文学部哲学科卒業。同大学院を経て，1969 年秋田大学教育学部講師。同助教授，教授を経て 2006 年秋田大学教育文化学部停年退職，現在名誉教授，博士（文学：筑波大学）。
〔主著訳書〕『新編 プラトン『国家論』考』（秋田書房，1983 年；影書房，1993 年），『アリストクセノス『ハルモニア原論』の研究』（東海大学出版会，2001 年），『アルストクセノス／プトレマイオス 古代音楽論集 』（京都大学学術出版会，2008 年）。

〔アリストテレス方法論の構想〕　ISBN978-4-86285-212-0

2015 年 7 月 25 日　第 1 刷印刷
2015 年 7 月 30 日　第 1 刷発行

著 者　山 本 建 郎
発行者　小 山 光 夫
製 版　ジ ャ ッ ト

発行所　〒113-0033 東京都文京区本郷1-13-2
電話03(3814)6161 振替00120-6-117170
http://www.chisen.co.jp
株式会社 知 泉 書 館

Printed in Japan　印刷・製本／藤原印刷

索　引

あ　行

アイアス　151
相反する性質　49, 50, 53
アキレウス，アキレス　10, 11, 151, 205, 206, 212
アクリル，J. I.　85, 124, 126–28, 134
浅野楢英　164
アナムネーシス　21
アプトン，Th.　38, 164
アポリア　10, 23, 62, 66, 67, 91–94, 110, 117, 121, 127, 140, 147, 188–90
予め知られた知識　14–16, 24, 111
アルキビアデス　151
一（ヘン）　145
位置関係　3, 58–60, 81, 193
一般概念　146, 151–54, 231
一般法則　36
　——命題　69
イデア　169, 174, 177, 178
イデア数　170, 172, 174–178, 180–186, 188, 193
イデア数論　174, 182, 193
　——批判　169
イデア論　192
　——批判　132, 169, 170
井上忠　18, 86, 105, 106, 223, 241, 242
今井知正　37
意味　78, 79, 110, 112, 114–17
　——規定　69, 113, 116
　——の制約　89
　——の要素　145
　——論（的）　73–75, 78, 80, 88, 109
色　9, 46, 47, 50, 60, 84–87, 89, 100–06, 230, 231
ウィットゲンシュタイン，L.　132
ヴィンク　85, 86, 106
運動　202
エウクレイデス　132, 171
エレア派　195–97, 219, 221
円　16, 117, 147, 148, 191–93
　楕——　34
　半——　14, 24
演繹　13, 14, 16, 17, 22, 23, 24, 25, 26, 27, 31–35, 37–39, 78, 90, 109, 113, 135, 149, 159,　240
　——科学　80, 132
　——体系　98
　仮設 / 原理——体系　79
エンゲベルク＝ペデルセン　38, 164
オーエン，G. E. L.　105, 85, 106, 132, 164, 222, 232
音声　80, 96, 98, 179
音程　96
音波　96

か　行

懐疑　116, 132
介在　56–61, 69, 81
カーウォン，C.　46, 49
科学的認識　4, 6
学習 , 学習者　16, 18, 22, 37, 127
学知 , 知　3, 73, 76, 96, 137–40, 193
過誤　18, 19, 159
価値理念　152, 237
カテゴリー　59, 62, 85, 136, 141, 143, 144
加藤信朗　38, 164, 241
可能性　38, 48, 53, 67, 87, 117, 118, 124, 125, 157, 158, 162, 173, 187, 190–92, 238, 240
可能態　37, 102, 172, 173, 186, 188–91,

200
——・現実態　198, 201, 203, 222
可能的　34, 47, 104, 132, 157, 161, 173, 192, 222
——世界　219
神　28
神・神の似姿　4
カーン，C.H.　131, 156–58
換位　24, 25,
——可能性　47, 48
感覚　19, 20, 23, 100, 102, 137, 140, 142, 144, 155–63, 166, 191, 200, 202–04, 211, 214
——知覚　138, 147
——的受容　163
——の両義性　161, 162
関係概念　59
還元　28–30, 39, 42, 51, 57, 237
——法　34, 35
気宇広大　10, 151–53, 166
記憶　138
幾何学　23, 80, 90, 96, 97
——者　120
——的対象　170
記号　38, 39, 68
記述句　116, 117, 121, 126
技術　137
奇数　76, 149, 190
基礎定立　91, 96, 111, 234
基体　45, 46, 49–54, 59, 73, 74, 80, 85–89, 91–94, 96–101, 103, 105–07, 126, 136, 142, 153, 229, 230
——性　9, 75, 89, 91, 93–95, 97, 103, 110,
——的　81, 91–93, 95
——的制約　75
——としての類　89
規定された数　181, 182, 185, 194
帰納　13, 16, 20, 22, 25, 26
——的　161
——的推理　136
——法　10, 16, 17, 21, 24, 25, 34, 35, 37, 39, 135, 136, 148, 152, 157
逆理　11, 173, 192, 193, 204–07, 212–15, 221, 222
教師　16, 22, 37
教授　5, 16, 22, 126, 127
極限値　11, 205
——ゼロ　207
——的手法　212
——的発想　213
共通公理　90, 115
共通想念　41, 92
共鳴　96
金　83
偶数　190
クリプキ，S.　132
クワイン，W.　116, 132
契機　16, 30, 33, 39, 53, 54, 78, 89, 90, 92, 94, 101, 109, 110, 115, 126, 140, 141, 145, 159, 171, 181, 187
経験　5, 9, 22, 23, 26, 32, 57, 79, 88, 98, 109, 119, 131, 135, 137–39, 148, 158, 167, 169, 172, 185, 194, 195, 218, 224, 228, 229, 237
——科学的　101
——主義　79, 158, 164, 172
——的　5, 9, 22, 30, 31, 59, 68, 105, 113, 155, 169, 186
——的事実　129
——的世界　172
——論的方法　135
月蝕　29, 56, 57–62, 65, 67–69, 73, 81, 82, 98, 122, 123, 125, 126, 128, 129, 133, 158
欠如態　50, 51
結論　9, 10, 13–15, 17–20, 22, 23, 29, 30, 32, 35, 36, 38, 39, 64, 65, 67, 69, 72, 89, 91, 102, 115, 122, 123, 130, 136, 137, 143, 145, 146, 149, 150, 152, 155–58, 166, 167, 196, 198, 202, 210, 215–18, 222
——命題　88, 93
ケプラー　34
限界　87, 101–04, 177, 180, 226
言語表現　59, 60, 110, 235

検証　79
現実態　101, 103, 198, 200, 201, 203, 222
現象　4, 62, 96, 98, 99, 126, 133, 160
　問題——　56
元素（ストイケイオン）　102, 195, 196
原因，原因究明　9, 10, 30, 32–34, 69, 73, 74, 81, 83, 98, 109, 126, 129, 130, 159, 160
　——的定義　65
　非——　165
行為　11, 25, 31, 32, 89, 158, 171–73, 186
原子（アトモン）　195, 201, 202, 220
　——的一般者　86
　——論　195, 196
光学　80, 97, 98
光線　56, 68, 69, 158
構成要素　45, 71, 174, 195, 196, 207, 218
構造　4, 8, 13–17, 34, 41, 42, 54, 58, 60, 61, 70, 83, 84, 87, 89, 123, 127, 157, 158, 174, 176, 181–85, 187, 203, 210, 212, 232, 233
公理　4, 5, 41, 89, 90, 92, 109, 115, 131, 132, 210
項連関　58, 60–62, 81, 126
コスマン，A　12, 166
個　140, 142
個体　86
　——実体　85, 86, 91–94, 171–73, 186, 194, 231
　——性　85, 86, 233
　——内属性　85, 86
個別科学　4, 16, 35, 41, 42, 90, 107
固有性　51, 100, 153, 166
　自体的——　153, 167
固有の属性　50
言葉　38, 63, 64, 86, 89, 110, 118, 126, 127, 146, 178, 224–26, 228–33, 236, 237, 241
この白，当の白，白　55, 84, 85, 87, 235

さ　行

最高類概念（カテゴリー）　54, 55, 59, 62, 84, 85, 91, 99, 136, 141, 143, 144
最初の普遍　137, 138, 141, 143, 147, 148, 161
再認識　18, 21, 36
錯綜　5, 7, 8, 13, 135
三角形　14, 19, 20, 23, 24, 37, 44, 45, 49, 51, 52, 64, 77, 111, 114, 120, 133, 169, 170
　大——　23
算術　76, 80, 90, 95–97, 112, 170, 171
三段論法　4, 14, 30, 35, 56, 57, 74, 159
思惟　136, 148, 162, 202, 219
　——的質料　80, 97
　——の思惟　162
指示　6, 7, 29, 30, 54, 57, 60–63, 65–67, 73, 75, 78, 79, 82, 83, 86–89, 110, 115, 117, 123, 126, 128, 129, 131, 155, 157, 160–62, 171, 192, 232
　——機能　83, 89, 117, 126, 128
　——理論　65, 73
事象　3, 5, 7–9, 15–19, 21, 24–34, 36, 38, 39, 42, 43, 46, 55–60, 62, 63, 65, 67–70, 72–75, 78–83, 88, 89, 98, 109, 113, 119, 122–26, 128, 132, 135, 136, 140, 151, 154, 155, 159–165
自然　9, 10, 27, 42, 46, 55, 59, 63, 69, 70, 73, 74, 80, 81, 83, 96, 102, 104, 107, 109, 139, 142, 147, 154, 157, 158, 169, 174–76, 181, 182, 185, 186, 194–96, 200, 204, 207, 216–20, 230, 237
　——種語　83
　——主義　158
　——数　174
　——法則　56
自然学　3, 9, 10, 33, 38, 60, 74, 88, 98, 100, 107, 126, 133, 143–45, 147, 148, 151, 172, 176, 177, 204
自体　52, 100
　——性　9, 43, 44, 49, 51–55, 74

――的　9, 43–46, 49, 52, 54, 57–59, 61, 62, 73, 80, 89, 90, 98
――的固有性　153, 166
――的属性，的付帯性　9, 48, 55, 57–59, 61, 62, 73, 80, 81, 89, 90, 92, 95, 98, 105
表面に――的に述語される　105
実在　10, 11, 36, 41, 53, 57, 59, 61, 62, 66–69, 75, 76, 89, 96–98, 104, 112, 115, 117, 131, 144, 150, 155, 157, 170, 173, 185, 186, 187, 191, 193, 203, 204, 206, 213, 214, 232
――視　63
――論的定義　128–30, 134
実体　9, 54, 233, 235, 236, 238
個体――　91
――概念　238
――論　6, 7, 10
実体の両義性　161
質料　51, 74, 90, 97, 174, 187, 218, 219, 236
――概念　220, 238
――性　178
――的　9, 46, 177
――論　227
「――論序説」　225
思惟的――　80, 97
シモン性　46
遮蔽　60–62, 68, 69, 81, 82, 98, 123, 128, 129, 158, 159
種　67, 68, 69
――的統一　136, 145
――的普遍　136
主語　9, 28, 43, 49, 52–54, 59, 60, 71, 84, 91, 93, 94, 229, 230, 231, 236
集合　53, 143, 148, 153, 181, 182, 184, 186, 189, 212, 230–32
――性　187
樹液の凍結　33, 34, 58, 98
述語　9, 18, 19, 28, 43, 44, 47–49, 51–55, 59–62, 64, 68, 71, 74, 81, 84, 85, 87, 93, 99, 100, 105, 116, 120, 132, 145, 149, 153, 163, 232, 235
述定　50, 54, 231
――方式　238
循環的　48
小項　28, 56, 57, 81, 82
小前提　14, 15, 19, 23, 25, 31, 32, 39, 81, 159
情態　137, 238
状態　9, 26, 46, 49, 53, 54, 56, 58–60, 63, 69, 73, 74, 81, 82, 86, 87, 96–105, 139, 140, 156, 173, 177, 179, 180, 182–84, 199
証明　14, 16, 17, 23, 48, 77–79, 81, 95, 113–16, 119–21, 129, 130, 133
事例　66, 68, 83, 89, 116, 137, 152, 233
人為性　79
推定の演繹　24–26, 32–35, 39, 159, 240
推論　4, 9, 13–20, 22–26, 30–34, 37, 39, 57, 64, 82, 149, 156, 166, 208, 221
数　11, 174, 186, 189, 191
――の生成　183
イデア――　170, 172, 174–78, 180–86, 188, 193
規定された――　76, 149, 182, 190
偶――　190
自然――　174
数学　3, 11, 16, 59, 73, 76, 80, 97, 98, 169–72, 175, 181, 188, 189, 191–94, 202, 203, 243
――的　174
スペウシッポス　174
成句　50, 64
制作学　3
静止　137–40, 152
性質　7, 9, 21, 48–50, 53, 54, 57, 59, 73, 74, 85, 99, 101, 105, 115, 137, 151, 153, 175, 176, 181, 195, 231
ゼノン　11, 175, 192, 193, 196, 204, 207, 209, 212–14, 221
線　8, 10, 21, 26, 36, 44, 45, 52, 56, 60, 68, 69, 71, 73, 89, 91, 96, 97, 105, 117, 124, 128, 138, 140, 146, 151, 155, 158, 161, 172, 191, 192, 193, 198, 206, 209, 211, 212, 214, 215, 227

先験的　162, 163, 185
先行条件　82
全称性　43, 51, 53
全称汎化　211
全称量化子　163
全称例化　33
想起　18, 21, 26, 35
相補的　32
措定　9, 41, 73–81, 83, 88, 90–92, 95–97, 111–14, 132, 136, 152, 154, 172, 198, 202, 229–33, 235, 236, 243
　――された類　9, 79, 80, 88, 97, 136
属性　7, 9, 11, 41, 44–46, 48–55, 57–61, 65–67, 70, 73–78, 80–96, 98, 99, 105–07, 110, 113–15, 120, 132, 144, 149, 150, 153, 165, 166, 218, 229, 231–33, 235, 236, 238, 242, 243
　――論　75, 150, 165
束縛変項　116, 117
ソクラテス　35, 57, 85, 152, 166, 178, 232
遡行　119, 122, 135
存在　4, 6, 18, 19, 26–30, 33, 37, 38, 43, 52, 55, 63, 70, 73, 76–82, 84–86, 88–93, 95–99, 109–18, 120–30, 132, 133, 135, 136, 142, 159, 161, 162, 171–74, 178, 180–88, 190–92, 194–97, 200, 201, 203, 206–12, 214, 216, 217, 219–21, 224, 228–32, 234–36
　――エイナイ，オン　119
　――解釈　117, 127, 129, 132, 133
　――措定　9
　――の容認　78, 79, 117, 120, 121, 127, 129
　――論的課題 / 問題提起　55
存立　28, 29, 57, 75–77, 81, 84, 85, 87, 89, 101, 113, 129, 132, 181, 182, 228, 233, 238

た　行

大項　28, 56–59, 81
大前提　14, 15, 19, 23, 25, 31, 33, 39, 69, 81, 88, 159, 203, 206, 210
大と小　11, 174–77, 179, 182, 218
多（目）と少（な目）　179, 180
第一義性　47, 52, 74, 99
第一哲学　3
第一の原理　77, 90, 113, 115, 137
太陽　27, 39, 56, 60, 81, 101
魂　45, 46, 60, 73, 82, 99–103, 107, 133, 137, 140, 141, 156, 157, 162, 235
タレス　224
単位　96, 172, 174, 175, 180–89
探究 , 探究論　27–29, 34, 36, 66, 67, 119, 121, 122, 124, 127–29, 131, 147, 150, 159, 160
力　35, 36, 39, 101
地球の介在　56–61, 69, 81
知 , 知識　4, 5, 14–16, 18, 22, 24, 26, 30, 32, 35, 37, 41, 47, 68, 74, 79, 91, 94, 95, 111, 124, 129, 202, 203, 223
知識活動　4, 5, 129
秩序　139, 140, 165
千葉恵　38, 39, 240–41
超越的　163
超越論　7, 113
チャールトン　165
抽象　10, 34, 42, 67, 90, 92, 94, 98, 113, 115, 117, 120, 125, 135, 136, 141, 142, 144–46, 151–54, 164, 170, 171, 173, 181, 196, 214, 230
　――概念　90
　――説　154, 173
直覚知　136, 156, 158, 163, 164, 167
　→ヌース
直観　16, 83, 96, 164, 191, 192, 203
　――主義　192
直接性　68
直接的　38, 70, 75, 88, 111, 160, 165, 203, 230, 241
直と曲　49, 73, 105
月　28–30, 37, 56–62, 65, 67–69, 73, 81, 82, 98, 122, 123, 125, 126, 128, 129, 133, 139, 158, 159, 164, 224, 239, 241
衝き合わせ　31, 141, 153, 159

摑み　86
定義　7, 9, 10, 25, 31, 33, 43, 44, 46, 48, 50, 51, 53–58, 60, 61, 63–70, 72, 73, 75–78, 81, 98, 100, 109–11, 113, 114, 116, 120, 121, 123–25, 128–30, 134, 141, 147–55, 164, 165, 171, 172, 182, 186, 240
——の三相　131
実在論的——　128, 129, 134
定立　76, 77, 79, 91, 96, 111, 115, 131, 234
ティコ　34
デモクリトス　11, 144, 173, 195, 198, 199, 201–04, 206, 207, 209–17, 220, 221, 222
点　197–201, 205, 206, 208–16, 219, 222
典拠　45, 48, 74, 132, 147, 151, 165, 194, 203
同延性　25, 48, 49
同語反復性　62
同定　29, 54, 62, 65–68, 82
動物　10, 45–47, 50, 61, 63, 82, 84, 85, 133, 137, 141, 146, 150, 166, 233
透明体　87, 88, 101–05, 107
ドクサ　138
ドグマ　117, 118, 218
トレドニック　133
遁走　137, 139–41, 143, 164
トンプソン，W. N.　164

な　行

内含関係　44
内属性　9, 11, 54, 55, 73, 74, 83–89, 95, 99, 105–07, 229, 231–33, 235, 236, 238, 242
何か　6, 133,
何か？　6, 31, 36, 46
何故あるか？　130
名指し　44, 54, 61, 67
名前　36, 44, 46, 57, 62–70, 118, 125–28, 130, 147, 170, 172, 229, 230
二直角　14, 19, 20, 23, 24, 45, 49, 51, 170
日常性　7
認識　4, 6, 10, 13, 14, 18, 21, 23, 25, 33, 36, 81, 127, 132, 135, 156, 160, 171, 203, 239
——行為　25
ヌース　10, 136, 156, 163, 166, 167
能動理性　157, 158, 162

は　行

場（コーラ）　177
媒介項（中項）　28, 29, 39, 56, 81
媒概念　35, 36, 49
排中律　41, 111, 112, 120, 132, 190, 191
パキウス　148, 165
場所（トポス）　177, 211, 212
パース，C. S.　34, 39
派生形態　84
発見の論理　35, 164
ハドゴプロス，D. J.　48
ハムリン，D.W.　139
パルメニデス　224
ハルモニア論　80, 95, 96, 97, 98
バーンズ，J.　5, 12, 15, 17, 44, 45, 48, 65, 71, 75, 93, 94, 123–25, 127, 128, 132, 133, 151, 165, 167, 221, 222
ハンソン，N. R.　34, 35, 39
パットナム，H.　83
反実在論　76
比較可能　174, 175, 181, 185, 187
比較対照　47
必然性　27, 32, 38, 59, 98, 117, 208
必然的　28, 30
必要条件　42, 88, 138, 175
非原因的定義　65, 165
非実在論　10, 76
被定義項　51, 141, 148, 154
火の消失　58
美（美しい）　236, 237
表面　6, 10, 45–47, 50, 52–54, 60, 73, 74, 87, 88, 99–105, 230

ピンク　85–87
ヒンティカ，J.　117, 164, 166
ファーリー，I.　221, 222
フェアジョン，M.T.　132
付加　109, 111, 135, 172, 179, 180, 183, 190
付帯性　45, 47, 55, 84, 90, 92
　自体的――　48
付帯的　46, 52, 53, 74, 81, 122–25, 157, 194, 205
物質　203, 217
　――的　218, 220, 229
不可分の大きさ　197
不定代名詞　7, 133
不定の 2　177, 179, 180, 184, 219
　――性　218
不動の能動者　112, 144
葡萄　32–34, 48
部分的　28, 144
普遍　10, 15–17, 21, 23, 31, 38, 43, 51, 54, 82, 136, 139, 140, 142–45, 147, 148, 152, 155, 157–62, 164, 189, 232
　――が静止する　138, 152
　――から個へ　147
　不可分の――　137, 138, 141, 146
普遍性　43, 51–54, 138, 160
普遍的　15, 16, 21, 31, 43, 51, 52, 54, 138, 139, 144, 157, 160, 189, 232
プラトニズム　117, 129, 132, 186
プラトン　10, 11, 21, 26, 110, 138, 145, 152, 153, 169–71, 174, 176–80, 185–88, 191, 194, 219, 224, 237, 238
　――学派　189
分割　10, 11, 135, 136, 141–54, 165, 166, 172, 173, 179, 182–84, 186, 191, 194–206, 208, 209, 211–18, 220–22
　――肢　51
　――法　10, 135, 136, 141, 149, 151, 154, 165, 166, 221, 243
分析的　45
文法家　179
平面　97, 148
　――図形　148
変則性　45
弁証論　48, 213
　――的　10, 37, 122, 145, 149, 164, 193
方法　1, 3–5, 7–10, 16, 23, 26, 30, 31, 35, 42, 66, 67, 74, 75, 80, 90, 94, 97, 98, 109, 117, 132, 135, 147–49, 151, 152, 157, 165, 191, 214, 220, 237, 240
　――論　1, 3–5, 7–9, 26, 35, 42, 67, 74, 94, 97, 98, 109, 117, 135, 148, 157, 220, 240
ボルトン，R.　65–68, 72, 125, 134
本質　7, 29, 30, 32, 116, 120, 121, 122, 123, 125, 127, 128, 130, 131
　――化　117
　――規定　7, 25, 45, 56, 67, 69, 71, 98, 116, 132, 133, 154
　――直観　83
　――的　17, 54, 62, 71, 127, 191, 236
　――論　4–6, 9, 16, 31–33, 38, 39, 42, 51, 55, 56, 60–63, 70, 73, 74, 79–81, 83, 84, 86, 87, 93, 94, 97, 98, 109, 110, 117, 118, 123, 125, 127, 130, 133, 135, 136, 148, 149, 154, 157, 160, 164, 171, 235, 238
　――論的　4, 5, 9, 16, 31–33, 39, 51, 55, 56, 60–63, 70, 74, 79, 81, 83, 84, 94, 98, 109, 123, 125, 127, 130, 133, 135, 136, 148, 149, 154, 157, 160, 164, 171
　――的再構成　79–81
本性上明らかなもの　135

ま　行

水　39, 69, 83, 101, 142, 195, 200
見做し　30, 31, 48
無　199, 207
無限　11, 144, 170, 172, 173, 176–80, 182, 186–99, 203–06, 212, 213, 217, 221, 222
　――分割　144, 173, 196, 198, 203, 204, 212, 222

無前提　131, 156
無媒介的　43, 75
命題　8, 9, 16, 22, 23, 25, 28, 30–34, 38, 42, 43, 45, 48, 59, 68–70, 75, 77, 81, 88, 93, 111, 112, 128, 131, 132, 156, 170, 206, 210, 234, 236
名目論的　68, 76, 113, 121, 123–25, 128, 130, 131, 133
——定義　64–67, 123, 124, 125, 128, 130, 131, 133
モナス　76, 77, 79, 80, 96, 111–14, 117, 171, 172, 174, 181
ものを燃やすガラス　160
問題現象　56

や～わ　行

ヤンマー，M.　35, 36, 39
要素的なもの　145, 195
要諦　6, 55, 128, 133
容認　13, 15, 16, 18, 21–25, 31–33, 70, 75–79, 90, 96, 111–17, 120, 121, 124, 125, 127, 129, 136, 149, 173, 190, 196, 202
雷鳴　56, 58, 59, 65, 67, 69, 72, 73, 82, 83, 133
落葉　29, 32–34, 39, 48, 56, 58, 59, 73, 98
離存性　144, 169, 189–91, 193, 236
理性　16, 79, 84, 145, 155–58, 161–64, 170, 234
——の洞察　155
理念系　195
理論　3–5, 8, 10, 36, 39, 43, 60, 62, 65, 73, 89, 90, 98–100, 109, 112, 118, 128, 131, 156, 167, 177, 195, 196, 198, 200–02, 214, 218, 221, 222, 239
——学　3
——体系　4
——論知　89, 90, 99, 156
立体　63, 97
リュッサンドロス　166
量　198
了解　5, 6, 9, 10, 15, 26, 28, 31, 33, 39, 45, 47, 48, 56–58, 60, 61, 63, 68, 70, 73, 74, 86–91, 95–97, 104, 112, 114, 116, 119, 121, 131–33, 136, 138, 140, 146, 148, 150, 152, 156, 164, 165, 169–71, 173, 179, 186, 188–90, 193, 198, 219, 231, 232, 239
両義性　94, 155, 161, 162, 189
類　41, 42, 50, 51, 56, 69, 79, 80, 98, 150, 165
——概念　7, 75, 81, 92, 110, 136, 141, 146, 148
——種　50, 51, 84, 88, 232
——種の逆転　82
——的実在　57
——的制約　75
——的普遍　136, 144, 145
——の基体性　9, 75, 88, 89, 92–95, 97, 105, 243
——の指示機能　89
——の措定　9, 73, 75, 79, 80, 83, 88, 243
レウキッポス　195, 219
例化　33, 66, 68
レッシャー，J.H.L.　166
連続体　198, 220
連続量　172, 203
ロイド，A. C.　38
ロゴス　151, 166
ロス，D　13, 15, 20, 22, 28, 37, 48, 64–66, 71, 104, 107, 132, 133, 164–66, 179
論証　10, 34, 35, 36, 41, 62–64, 68, 69, 89–92, 98, 119, 120, 159
——された属性　89
——知　8, 41, 70
——的な学　92
——の過程　70
論点窃取　154
我々にとって明らかなもの　135, 147, 148